Editora Fakos

Cabo Patrício

Biografia Política

Evan do Carmo
01/01/2014

Cabo Patrício
Biografia Política   *Evan do Carmo*

Programação Visual o Autor

Arte da capa o Autor

Revisão Iranete Pontes

Cabo Patrício

Biografia Política

Evan do Carmo – Brasília 2014.

200 p.

1. Literatura, Brasil 1. Jornalismo. I. Título

ISBN-13: 978-1495210259

ISBN-10: 1495210251

Composto e impresso no Brasil

Printed in Brazil

Patrício – Por Evan do Carmo

Dotado de uma personalidade comum, homem de origem simples Patrício soma algumas características importantes que justificam sua posição atual.

Como policial de careira, patrício apreendeu muito que uma postura firme muitas vezes serve para convencer e controlar pessoas comuns, que não raro necessitam de um líder que os conduzam mesmo que com vara de ferro.

Aliás, é assim que se formam também os grandes estadistas, com autodisciplina e constante análise das pessoas que lhes são aliadas, e também daqueles que se pretende comandar.

Contudo, no Brasil, não raro surgem políticos oriundos de determinadas classes sociais, que por falta de uma política adequada capaz de suprir as necessidades destes grupos, e, sobretudo pelo enfraquecimento dos sindicatos que representam estas categorias, carecem assim de um representante oficial, alguém com voz no centro do poder ou na adjacência.

Patrício surge para preencher esta lacuna, especialmente no Gama onde começou sua carreira política, vale ressaltar, portanto, que hoje ele não mais representa apenas uma categoria, como polícia e corpo de bombeiro.

Patrício ganhou notoriedade no episódio "Caixa de Pandora", todavia, ao contrário de muitos políticos velhos, não por se envolver na crassa corrupção que derrubou deputados e prendeu um governador.

Patrício, todavia, assumira um posto de presidente da CLDF, posto este que lhe garantira a reeleição em 2010 e, provavelmente o elegerá como deputado federal em 2014.

Trajetória

Atual presidente da Câmara Legislativa do Distrito Federal, Sidney da
Silva Patrício nasceu em 07 de setembro de 1966. Natural do Gama,
cidade onde foi criado e reside até hoje, foi reeleito para o seu segundo
mandato parlamentar (2011-1015) com 22.209 votos pelo PT, sendo o
4° deputado distrital mais votado da atual legislatura. No dia 1° de
janeiro de 2011, logo após a posse, foi eleito presidente da Casa por
unanimidade de votos de seus pares.

Líder político

O ano de 1986 é emblemático na vida do deputado Patrício. No campo
profissional, ingressou na Polícia Militar do Distrito Federal e no
político, filiou-se à única legenda à qual pertenceu, o Partido dos
Trabalhadores (PT). Foi um dos primeiros líderes dos movimentos
reivindicatórios da PM por melhores condições de trabalho e de
salários. Em 1998, fundou a Associação dos Policiais e Bombeiros
Militares do Distrito Federal (Aspol), a primeira entidade
representativa de policiais e bombeiros militares do País a ser filiada à
Central Única dos Trabalhadores (CUT). Três anos após a fundação da
associação, policiais e bombeiros iniciaram um movimento que
culminou com a primeira greve da categoria na história da Capital da
República. Em 20 de março de 2001, por liderar a manifestação, o
deputado Patrício foi preso por 131 dias e em 6 de julho acabou
excluído da Corporação. Em 13 de janeiro de 2010, foi anistiado pela
Lei Federal n° 12.191, assinada pelo então presidente Lula e poderá
voltar a fazer parte dos quadros da PMDF.

Atualmente, está licenciado da Corporação em função do mandato
parlamentar. Paralelamente às atividades desenvolvidas na Câmara
Legislativa, o deputado Patrício sempre atuou como representante dos
policiais e bombeiros militares não só no DF, mas em todo o Brasil.
Em especial, a partir de setembro de 2009, quando foi eleito presidente

da Associação Nacional de Praças (Anaspra). À frente da entidade, sua mais importante conquista foi a anistia de oito mil policiais e bombeiros militares por todo o Brasil em janeiro de 2010, pondo fim a uma espera de quase 15 anos. Desde que foi eleito deputado distrital, os policiais e bombeiros do DF conseguiram vários reajustes salariais que reforçaram a posição de melhor remuneração do Brasil. O deputado Patrício comemorou também a conquista do plano de cargos e salários, arrancada do GDF e do governo federal a duras custas, com muitas mobilizações da categoria, organizadas por ele.

Protagonista na retomada da estabilidade política do DF

Câmara Legislativa, em abril de 2010

Sessão de posse do 1º governador do Distrito Federal eleito indiretamente pela Câmara Legislativa, em abril de 2010

Em seu primeiro mandato (2006-2010), o deputado Patrício teve destaque nacional pela maneira como atuou na Presidência da Câmara Legislativa durante a pior crise política e institucional da história da Capital da República, a partir de novembro de 2009, no escândalo conhecido como Caixa de Pandora. O comando firme e transparente do Poder Legislativo durante cinco meses deu ao deputado Patrício o papel de um dos principais protagonistas para reverter a situação de crise administrativa do DF, com graves consequências aos poderes

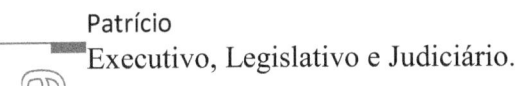

Executivo, Legislativo e Judiciário.

De novembro de 2009 a abril de 2010, o deputado Patrício conduziu o processo de apuração das denúncias na Câmara Legislativa com isenção, seguindo rigorosamente os ritos determinados pelo Regimento Interno da Casa e pela Lei Orgânica do Distrito Federal. Sob a liderança do deputado Patrício, a Câmara Legislativa instaurou processos de impeachment contra representantes do Poder Executivo e de quebra de decoro contra deputados distritais envolvidos no escândalo. Também foi o deputado Patrício quem convocou a primeira eleição indireta no DF, atitude que garantiu a normalidade da máquina pública do DF e assegurou que a capital não perdesse autonomia política e financeira com uma possível intervenção federal.

Exemplo de gestor eficiente e austero

Como presidente da Câmara Legislativa, o deputado Patrício tem desempenhado uma gestão austera e transparente. Em 21 anos de existência, foi sob o comando do deputado Patrício que o Poder Legislativo do Distrito Federal chegou ao recorde de redução em gastos, alcançando o menor percentual da Lei de Responsabilidade Fiscal (LRF), legislação federal que regula os gastos do Poder Público. Foram reduzidos em 20% os gastos com pessoal e o limite da LRF, que é de 1,70% e já havia extrapolado os 1,90%, chegou a 1,44%.

A economia foi de R$ 38 milhões só em gastos com pessoal. Esse valor, aliado à redução de gastos em todos os setores da Câmara Legislativa, gerou aos cofres públicos uma economia de R$ 110 milhões em 2011. Também foi de iniciativa do deputado Patrício a devolução voluntária ao GDF da economia feita pela Câmara para que esses recursos pudessem ser reinvestidos em áreas prioritárias. Assim, mais de R$ 80 milhões foram remetidos para auxiliar o Poder Executivo no pagamento da folha de servidores da Secretaria de Saúde.

Combatente da corrupção e defensor da ética parlamentar

Reunião da CPI da Gautama, em abril de 2008

Todo o primeiro mandato do deputado Patrício foi marcado pela luta contra a corrupção. Em 2007, participou da CPI da Gautama, instalada para investigar as relações da empreiteira baiana com integrantes do GDF. Dominada por deputados governistas, o relatório final não indiciou ninguém. Porém, compromissado com a verdade, o deputado Patrício preparou um voto em separado, no qual relacionou personagens e respectivos indícios de crimes, e encaminhou para o Ministério Público para a continuidade das investigações.

Como líder do PT na Câmara Legislativa, em 2008, sua gestão foi
marcada por inúmeras ações de fiscalização do uso do dinheiro
público. Foram do deputado Patrício denúncias como o gasto de
milhares de reais do então governador José Roberto Arruda na compra
de camarões gigantes para serem servidos na Residência Oficial de
Águas Claras e contratações de empresas sem licitação, como a
Sangari, que recebeu R$ 300 milhões do GDF para implementar o
programa Ciência em Foco.

O projeto, que atenderia a rede pública, nunca saiu do papel e é alvo de
questionamento no Tribunal de Contas do DF. Desde o primeiro mês
como parlamentar, ainda em 2006, o deputado Patrício abriu mão do
recebimento do 14° e 15° salários, aos quais os deputados distritais
tinham direito até 2012. Ele não concordava com o benefício por
acreditar que os deputados devem receber somente o 13° salário, como
os demais trabalhadores. Assim, liderou seus colegas na votação
histórica de 28 de fevereiro de 2012, quando a Câmara Legislativa se
tornou a primeira Casa de Leis do Brasil a extinguir, por votação em
Plenário com maioria absoluta de votos, os benefícios legais garantidos
aos parlamentares em contrariedade à vontade popular.

Sessão em que foi aprovado o fim do 14° e 15° salários de parlamentares no DF

*Também em respeito à ética parlamentar, o deputado Patrício liderou
a votação de projetos que puseram fim ao nepotismo entres servidores*

Patrício   Evan do Carmo

da Câmara Legislativa e que transformaram o Legislativo do DF no primeiro poder da Capital Federal a exigir a Ficha Limpa de todos os seus servidores, novos e atuais.

Fonte Site oficial do Deputado

Deputado Patrício é eleito presidente da Câmara Legislativa

Por unanimidade dos votos, o deputado Patrício foi eleito presidente da Câmara Legislativa para o próximo biênio, na noite de sábado, 1º de janeiro.

Por unanimidade dos votos, o deputado Patrício foi eleito presidente da Câmara Legislativa para o próximo biênio, na noite de sábado, 1º de janeiro. Todos os 24 parlamentares eleitos para a nova legislatura escolheram Patrício para gerenciar e administrar a Casa até dezembro de 2012. "Faremos uma gestão transparente, austera, que respeite o dinheiro público e que represente os anseios da população do DF", garantiu Patrício, ao ser anunciado o resultado. Os outros quatro membros da Mesa Diretora também foram eleitos. São eles: Dr. Michel (PSL), Raad Massouh (DEM), Cristiano Araújo (PTB) e Joe Valle (PSB).

Patrício já começou sua gestão com inúmeras reuniões na segunda (3). Pela manhã, o encontro foi com servidores da Casa. À tarde, houve o primeiro encontro da Mesa Diretora. Na terça-feira (4) pela manhã está marcada uma reunião entre Patrício e o Sindicato dos Servidores do Poder Legislativo (Sindical).

Deputado Patrício passa a manhã com comunidade de Santa Maria

Visita à feira, à creche e à Administração Regional fizeram parte do roteiro da manhã desta quarta-feira (26) do deputado Patrício em Santa Maria.

Recebido pelo administrador Márcio Gonçalves Ferreira, Patrício ouviu ainda outras reivindicações da comunidade: cinema, clube de vizinhança, escola de música pública, sede da escola de samba, banheiros e vestiários no campo de grama sintética foram algumas.

Em seu discurso, Patrício comprometeu-se a ser um representante da cidade na Câmara Legislativa. "As autoridades e os governos passam, mas as instituições e as pessoas permanecem. Temos que governar para todos, pensando sempre no bem da população", afirmou, ao ser recebido para café da manhã.

Participaram também do encontro diversas lideranças - como Raimundo Preto, Florismar, Marieta, Terezinha Brito, Luiz HT,

Conceição, Fonsequinha -, além de autoridades da cidade, como o Tenente Falcão, o delegado Viana e o Dr. Santana. Patrício foi recebido na creche Gotinha de Luz e na Feira Central da cidade, para ver de perto as deficiências. "Temos que nos unir. Santa Maria pode contar comigo sempre", afirmou Patrício.

Cabo Patrício dá carteirada na PM após bater o carro

14

Presidente interino da Câmara Legislativa, tenta usar influência política para receber atendimento privilegiado da Polícia Militar após colisão na Asa Sul

Dep. Patrício

Quase uma semana depois de uma avalanche de denúncias abaterem a cúpula do governo do Distrito Federal, o presidente interino da Câmara Legislativa, Cabo Patrício (PT), valeu-se da autoridade do governador José Roberto Arruda (DEM) na madrugada de quinta-feira passada para agilizar o atendimento de um serviço público após envolver-se em colisão com dois carros.

Em gravação da conversa telefônica obtida pelo Correio, o deputado demonstra irritação com a forma como transcorre o atendimento. No início do telefonema, Cabo Patrício identifica-se como parlamentar e presidente da Câmara Legislativa e pede que seja enviada uma viatura da Polícia Militar para fazer a ocorrência.

"Não acho que é correto. É que eu estava indignado, eles estavam demorando uma hora para mandar o atendimento. Estava revoltado. Mas não liguei para ninguém, assumi a responsabilidade", Deputado Cabo Patrício

A telefonista tenta prosseguir com o registro, mas o nervosismo do deputado aumenta quando ela pede a confirmação de seu nome. O petista responde: Deputado Cabo Patrício. Presidente da Câmara. Pode vir uma viatura aqui? Se não puder, eu ligo pro governador. Ou então pra algum lugar aí. Pode ser?, diz.

Cabo Patrício afirmou, em entrevista ao Correio, por telefone, reconhecer que sua atitude não foi correta. Não acho que é correto. É que eu estava indignado, eles estavam demorando uma hora para mandar o atendimento. Estava revoltado. Mas não liguei para ninguém, assumi a responsabilidade, disse.

Segundo versão dada pelo próprio deputado, pouco depois da 1 hora de quinta-feira da semana passada, ele cochilou ao volante e bateu em um carro, que atingiu outro. Foi um acidente de trânsito comum. Diante de tantas reuniões nas madrugadas, nos finais de semana, acabei cochilando e dormindo, explicou.

Na gravação, a atendente pergunta se ele estava usando veículo oficial e Cabo Patrício nega. O veículo é meu, particular. Eu sou motorista, não dirijo com motorista. Não tenho segurança, não tenho nada.

Pode mandar uma viatura aqui, tá? A telefonista pede, então, para ele repetir o local do acidente. O deputado se confunde nas diversas versões que apresenta. Primeiro, diz que está na 414/415 Sul, corrige para 414/415 Norte, mais à frente na ligação afirma que se encontra na comercial da 114/115 da Asa Norte. Sua assessoria de imprensa informou que ele estava na Quadra 414 da Asa Sul.

O presidente interino da Câmara, que chegou ao poder depois que o titular do cargo, Leonardo Prudente (DEM), pediu licença por ter sido flagrado colocando dinheiro vivo na meia, negou que estivesse embriagado. Não tinha envolvimento de álcool. Fiz conforme a legislação. Se eu tivesse, teriam chamado a viatura e iríamos para a delegacia, disse.

De acordo com as três ocorrências dos telefonemas às quais o Correio teve acesso, a primeira ligação ocorre à 1h10 do último dia 3 e a terceira, 11 minutos depois informando que os condutores estão em vias de fato. A PM chega ao local 17 minutos mais tarde e constata não haver briga no local.

Diálogo

Cabo Patrício: Boa noite. É o deputado Cabo Patrício. Tudo bom?
Atendente: Tudo bom, senhor.
Cabo Patrício: Vê se você manda uma viatura aqui, por favor? (Qual a quadra aqui? - pergunta a um interlocultor)
Voz: Comercial local
Cabo Patrício: Comercial Local
Voz: da 414
Cabo Patrício: Da 414/415 Sul... Norte. Não, 414/415 Norte.
Voz: O que está acontecendo aí?
Cabo Patrício: Eu... eu... colidi meu carro aqui no estacionamento. Pede para uma viatura da PM vir aqui por favor?
Atendente: Tem vídeo?
Cabo Patrício: Não tem não. Mas pede para (inaudível) vir aqui, por

favor

Atendente: Qual o nome do senhor?

Cabo Patrício: Deputado Cabo Patrício, presidente da Câmara Legislativa.

Atendente: É Cabo Patrício?

Cabo Patrício: Deputado Cabo Patrício, presidente da Câmara. Pode vir uma viatura aqui? Se não puder, eu ligo pro governador. Ou então pra algum lugar aí. Pode ser?

Atendente: Eu vou registrar a ocorrência, tá?

Cabo Patrício: Pode registrar, minha filha, tranquilo.

Atendente: Esse veículo...

Cabo Patrício: Eu tô tranquilo

Atendente: Esse veículo é oficial?

Cabo Patrício: Oi?

Atendente: Esse veículo é oficial?

Cabo Patrício: Não. O veículo é meu, particular. Eu sou motorista, não dirijo com motorista. Não tenho segurança, não tenho nada. Pode mandar uma viatura aqui, tá?

Atendente: Colidiu onde, senhor?

Cabo Patrício: Na comercial da 114, 115 Norte

Atendente: Foi em algum poste?

Cabo Patrício: Não, não foi em nada. Foi em outro carro, tá bom?

Atendente: Em outro carro?

Cabo Patrício: É.

Atendente: Tem alguma referência aí?

Cabo Patrício: Mas se eu passar 10 minutos informando, então, é melhor tirar o serviço terceirizado e botar a PM de novo, aí, né?

Atendente: São os procedimentos, senhor. Tem que fazer..

Cabo Patrício: Não, tudo bem, normal. Mas se for assim, se eu tô indignado, imagina o cidadão

Atendente: Pois é, tem alguma referência aí?

Cabo Patrício: Não, não tem referência nenhuma. É na comercial, tá?

Patrício   Evan do Carmo

Atendente: O.k. Vou fazer o registro,

Cabo Patrício: Tá bom, obrigado. Pode fazer o registro, obrigado

Atendente: Nada

Fonte Correio: 08/12/2009 08:11 Atualização: 08/12/2009 09:53

Novo governador deverá ter habiildade para garantir base de apoio na Câmara

Agnelo Queiroz (PT) assina documento durante sua cerimônia de posse como governador do Distrito Federal Foto: Bruno Peres

Para lidar com a Câmara Legislativa do Distrito Federal (CLDF), Agnelo Queiroz (PT) terá de conversar permanentemente com 17 partidos. A maioria dos 24 deputados distritais eleitos na última eleição fez parte do grupo de sustentação da chapa do petista.

Juntas, as 11 legendas da coligação Um Novo Caminho e as duas siglas que declararam apoio a Agnelo no decorrer do pleito emplacaram 15 nomes. A maior bancada é a do PT, com cinco parlamentares. Do outro

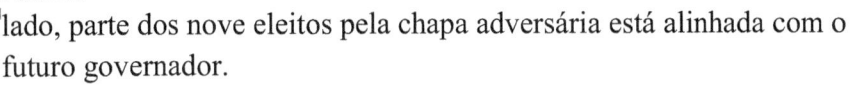

lado, parte dos nove eleitos pela chapa adversária está alinhada com o futuro governador.

Entretanto, o cientista político da Universidade de Brasília (UnB) Paulo César Nascimento acredita que o grande número de partidos deverá complicar as relações entre Executivo e Legislativo. Segundo ele, são muitos interesses pulverizados e o novo governador precisará saber negociar com os distritais. "Quanto mais fragmentada a base, mais difícil encontrar um denominador comum", afirma. Segundo ele, tudo vai depender da habilidade política do governo e da construção de uma ponte com os distritais, por meio de um nome forte e articulado. "Senão, vai ter de tratar no varejo."

Bolo fatiado
Essas conversas começaram na fase de transição. Um dos principais articuladores foi o novo secretário de Governo, Paulo Tadeu (PT). As primeiras movimentações levaram em conta as eleições para a Mesa Diretora, que ocorrerá hoje. Para a disputa, os distritais formaram cinco blocos, com a média de cinco membros para cada grupo. As negociações petistas fizeram com que, para a Presidência, o nome mais cotado seja o de Cabo Patrício (PT). Para isso, além do apoio da bancada petista, foi preciso ceder pedaços do governo para conquistar aliados e retirar de cena adversários. Por exemplo, Alírio Neto (PPS), principal concorrente ao cargo mais alto da Casa, será secretário de Justiça. Com essa movimentação, os votos dos membros dos blocos dos dois devem ir para Patrício.

De toda sorte, o que foi negociado para a eleição pode não valer a partir de 1º de fevereiro, quando começarão as sessões no plenário da Casa. Por isso, a articulação do governo deverá ser constante. Para a divisão das secretarias e das administrações regionais, Agnelo afirma ter conversado com todos. "Uma coisa é eleger, outra é governar", diz

Nascimento. Segundo o especialista, o surgimento de elementos, como a distribuição de cargos e de poder, muda as relações políticas.

"Agnelo tem as condições para encontrar um novo enfoque para agregar apoio, com base no programa de governo, mas vai ser muito difícil transformar as práticas anteriores, como de pagamento de mesadas", afirma o cientista político.

Quem é quem / Deputados distritais da nova legislatura

Agaciel Maia (PTC)
Elegeu-se um ano e meio após ser exonerado do cargo de diretor-geral do Senado. Pivô do escândalo dos atos secretos, é acusado de ocultar da Justiça imóvel avaliado em mais de R$ 4 milhões. No último mês, virou réu em ação de improbidade administrativa devido a "fortes indícios de prejuízo ao erário".

Aylton Gomes (PR)
Um dos deputados citados como suposto beneficiário do esquema de pagamento de propina revelado na Operação Caixa de Pandora. Bombeiro militar, foi administrador regional de Planaltina no governo Arruda. Atuou, de 2007 a 2008, como vice-presidente da Comissão de Segurança da Câmara.

Benedito Domingos (PP)
Vice-governador na chapa de Roriz em 1998, perdeu a eleição para o GDF em 2002. Quatro anos depois, foi eleito distrital. Investigado na Caixa de Pandora, teve os bens bloqueados pela Justiça. O MPDFT pede a restituição de R$ 6 milhões que Benedito teria recebido em troca de apoio ao governo.

Benício Tavares (PMDB)

O peemedebista teve de garantir a reeleição na Justiça. Ele havia sido impugnado pelo TRE-DF, com base na Lei da Ficha Limpa, por ter sido condenado por apropriação indébita de recursos da Associação dos Deficientes Físicos de Brasília. Também é citado na Operação Caixa de Pandora.

Cabo Patrício (PT)

Principal nome para a Presidência da Câmara Legislativa, foi o vice-presidente da Casa em 2009 e 2010. Assumiu o posto mais alto por alguns meses, com a renúncia de Leonardo Prudente. PM por 16 anos, foi expulso em 2000 da corporação por
liderar uma greve. Anistiado pelo governo Lula, Patrício será reintegrado e promovido.

Celina Leão(PMN)

Afilhada política de Joaquim Roriz (PSC), foi secretária da Juventude e chefe de gabinete de Jaqueline Roriz (PMN) na Câmara Legislativa. Após as eleições, Celina se afastou da família Roriz e prometeu manter uma postura independente em relação ao governo Agnelo. É administradora de empresas.

Chico Leite (PT)

Teve a maior votação para a Câmara Legislativa, com 36,8 mil votos. Promotor de Justiça e professor de direito penal, o cearense da cidade de Milagres foi eleito para o terceiro mandato consecutivo. Na fase de transição de governo, esteve cotado para diversas secretarias, como a de Justiça e Cidadania.

Chico Vigilante (PT)

Foi o presidente do Sindicato dos Vigilantes do DF de 1984 a 1990,

23

quando saiu para se tornar deputado federal. Em 2002, conquistou uma vaga na Câmara Legislativa, mas ficou
de fora na última legislatura. O distrital foi um dos fundadores do PT-DF, legenda que presidiu por três vezes.

Cláudio Abrantes (PPS)

Policial civil e bacharel em direito, ficou conhecido por interpretar o papel de Jesus Cristo na Via Sacra no Morro da Capelinha, em Planaltina. Na última legislatura, foi suplente do PPS, tendo exercido o mandato com a saída de Alírio Neto para a Secretaria de Justiça do DF.

Cristiano Araújo (PTB)

Teve posição de destaque, em 2010, ao presidir uma das comissões mais importantes da Casa, a de Economia, Orçamento e Finanças, e ao relatar o Orçamento do DF para 2011. Atualmente com 27 anos, estreou na Câmara em 2007, com a força eleitoral da família, dona de empresas de segurança.

Dr. Michel (PSL)

Delegado de polícia, Márcio Michel Alves atuou em Planaltina, Paranoá e Sobradinho. Respondeu a cinco denúncias por abuso de poder e uma de tortura. Foi absolvido de todas. Em 2009, foi acusado de torturar uma empregada doméstica para obter a confissão. Laudo do IML não confirmou a agressão.

Eliana Pedrosa (DEM)

Eleita para o terceiro mandato, foi secretária de Desenvolvimento Social na gestão Arruda. Na campanha eleitoral para governador deste ano, preferiu manter a neutralidade a defender a candidatura de Weslian Roriz (PSC) ou de Agnelo Queiroz (PT). É empresária do ramo de segurança.

Evandro Garla (PRB)

Pastor da Igreja Universal do Reino Deus, conseguiu se eleger no lugar do ex-distrital, correligionário e pastor Aguinaldo de Jesus — que não concorreu nas últimas eleições por determinação de bispos superiores. Radialista, Garla participou
da fundação do PRB, em 2005.

Israel Batista (PDT)

Suplente na última legislatura, o cientista político e professor elegeu-se pela primeira vez no pleito de outubro. De 2007 a 2009, coordenou o Departamento de Pesquisas em Economia Solidária do Ministério do Trabalho, fez parte da Assessoria de Juventude do DF e foi secretário de Trabalho.

Joe Valle (PSB)

Cotado para secretário de Agricultura no governo de Agnelo Queiroz (PT), decidiu assumir o primeiro mandato na Câmara Legislativa. Engenheiro florestal, foi secretário de Ciência e Tecnologia do Ministério da Tecnologia e assumiu a Emater-DF poucos dias antes da Operação Caixa de Pandora.

Liliane Roriz (PRTB)

A filha caçula do ex-governador Joaquim Roriz (PSC) assume o primeiro mandato na Câmara Legislativa. Ela sucede a irmã, que ocupará uma vaga na Câmara dos Deputados. Liliane é administradora de empresas e promete fazer a oposição ao governo Agnelo.

Luzia de Paula (PPS)

Professora da rede pública, foi suplente na legislatura passada pelo PSL. Agora, assume o mandato no lugar de Alírio Neto (PPS) — que volta à Secretaria de Justiça. Do interior de Minas Gerais, chegou a ser noviça e mudou-se para o DF na década de 1970 com uma congregação religiosa.

Olair Francisco (PTdoB)

Empresário, possui uma rede de 40 lojas de calçados no Distrito Federal e em Goiás.

Foi administrador de Águas Claras e presidente da Associação Comercial e Industrial de Taguatinga. Na última legislatura, foi suplente do distrital Aylton Gomes (PR).

Raad Massouh (DEM)

Suplente, assumiu definitivamente a cadeira na Câmara no início de 2010, depois da renúncia do titular, Leonardo Prudente (sem partido). Natural da Síria, é empresário do setor de turismo rural. Sofreu um acidente vascular cerebral (AVC) no fim de novembro, mas se recuperou e tomará posse.

Rejane Pitanga (PT)

Presidente da Central Única dos Trabalhadores (CUT) no DF, foi eleita primeira suplente do PT, mas assume na vaga de Arlete Sampaio, que comandará a Secretaria de Desenvolvimento Social. Rejane liderou uma das maiores greves de professores da rede pública, ainda na gestão de Cristovam Buarque.

Rôney Nemer (PMDB)

Assumiu o cargo na Câmara Legislativa pela primeira vez em 2003, de onde saiu para ser secretário de Obras no governo Roriz e presidente da Brasiliatur na gestão Arruda. Arquiteto, atuou como administrador de Samambaia e do Recanto das Emas. É um dos investigados pela Operação Caixa de Pandora.

Washington Mesquita (PSDB)

Com grande votação em Taguatinga e Ceilândia, o novo distrital é conhecido pela atuação na Igreja Católica. Considerado braço direito do padre Moacir Anastácio, da Paróquia São Pedro, foi coordenador-geral da semana de Pentecostes, em Taguatinga. Elegeu-se aliado a Joaquim Roriz (PSC).

Wasny de Roure (PT)

Mestre em Economia pela Universidade Federal de Minas Gerais (UFMG) e pela Universidade de Oxford (Inglaterra), foi secretário de Fazenda no governo Cristovam. Em 2003, assumiu o cargo de deputado federal e hoje toma posse para o quarto mandato na Câmara Legislativa.

Wellington (PSC)

Presidente do Sindicato dos Agentes da Polícia Civil há 11 anos. Foi bancário e militar do Corpo de Bombeiros. Teve as contas de campanha reprovadas pelo Tribunal Regional Eleitoral (TRE) do DF e pode se tornar alvo de representação do Ministério Público e ter o diploma cassado.

Fonte: Correio: 01/01/2011

Concursados aprovados da PM começarão o curso de formação

Uma semana depois da reunião com o deputado Cabo Patrício, na última terça-feira (17), o governador Rogério Rosso, anunciou ontem (24) o início do curso para os aprovados no concurso da Polícia Militar.Desde o semestre passado eles aguardavam a notícia. Segundo Rosso, o curso começa já em 6 de setembro para 600 dos aprovados. Até novembro, mais 750 também começam a formação.

25 de Agosto de 2010

Uma semana depois da reunião com o deputado Cabo Patrício, na última terça-feira (17), o governador Rogério Rosso, anunciou ontem (24) o início do curso para os aprovados no concurso da Polícia Militar. Desde o semestre passado eles aguardavam a notícia. Segundo Rosso, o curso começa já em 6 de setembro para 600 dos aprovados. Até novembro, mais 750 também começam a formação. "Na reunião, deixei claro para o governador dois pontos importantes. O primeiro é de que há sim espaço para realização do curso. O outro é a necessidade de que fossem chamados todos os aprovados, e não apenas uma parte", lembrou Patrício.

"A notícia de que a PM terá novos homens no seu quadro é muito importante para corporação e também para a sociedade, que vê a violência aumentar a cada dia", completou Patrício. Entretanto, o deputado ressalta que falta também planejamento na gestão da Segurança Pública. "O problema não é só de falta de efetivo", finaliza Patrício.

Veja reportagem publicada nesta quarta-feira (25), no jornal *Correio Braziliense.*

Mais 1.350 PMs nas ruas

Governador tenta reagir e anuncia a convocação de policiais militares aprovados em concurso de 2008. Cerca de 600 começam a trabalhar no mês que vem. Seleções para os bombeiros e o Detran também são autorizadas

Naira Trindade

A criminalidade que amedronta os moradores do Distrito Federal fez o governador Rogério Rosso anunciar a convocação de 1.350 policiais militares para ocupar as ruas na atuação preventivas contra a violência. Cerca de 600 devem começar o treinamento imediatamente e ingressar em 6 de setembro. O restante, segundo Rosso, passará pelo curso até novembro. E será empossado até o fim do ano. A ação antecipa a convocação, prevista para 2011.

Em uma reunião a portas fechadas, o governador recebeu os comandantes das polícias Civil e Militar, do Corpo de Bombeiros, Departamento de Trânsito (Detran) e secretários de Planejamento e de Governo. O encontro de quase três horas resultou em um pacote de medidas e implantações para a área de segurança pública do DF. "O que falta no Distrito Federal é planejamento", justificou Rosso, que espera corrigir as falhas passadas nos próximos quatro meses de governo. "Desde 2001, não houve aumento de efetivo na Polícia Militar", apontou o governador.

O número de policiais para fazer a segurança ostensiva da Asa Norte, da Vila Planalto, da Granja do Torto e do Setor Militar Urbano é de 360 profissionais. O quadro deveria ter pelo menos 600 PMs. Se o efetivo estivesse completo, casos como o do dono da padaria Sebastião Carneiro Sousa, 52 anos, poderiam ter um desfecho diferente. Sebastião é uma das vítimas dessa falta desse planejamento. Ele morreu no Hospital de Base do Distrito Federal no último domingo, depois de ser baleado no sábado ao tentar impedir o assalto a um comerciante na 710 Norte. Os três acusados pelo crime são menores de idade e estão na delegacia da Criança e do Adolescente (DCA).

Os policiais militares que serão chamados fazem parte do último concurso da Polícia Militar, realizado em 2008. "Vamos trazer todos os policiais que passaram no concurso", garantiu o governador. 'Tínhamos uma dificuldade na formação desses profissionais. O local onde se realizavam os treinamentos era o Buritinga (Centro Administrativo de Taguatinga). Agora, devolvemos o espaço para que os policiais possam fazer os treinamentos", explicou Rosso. A previsão é de que 600 sejam convocados até 6 de setembro. Outros 750, até novembro. A posse ocorre depois do curso.

No pacote de estratégias, o governador, ao lado do secretário de Segurança Pública, João Monteiro, anunciou também a instalação de câmeras de segurança para fazer a vigilância no Plano Piloto, em Ceilândia, Taguatinga e Samambaia. "As quatro regiões vão passar a ser controladas por centrais de monitoramento. Isso deve auxiliar na redução das ocorrências policiais", contou Monteiro. O projeto de implantação dos big brothers é do Programa Nacional de Segurança Pública com Cidadania (Pronasci), do Ministério da Justiça, e conta com verba federal.

As medidas preveem mudanças também para os bombeiros. Rosso autorizou a abertura para concurso de 370 oficiais. "O edital deve ser lançado por agora, mas, devido à lei eleitoral, os bombeiros serão convocados no início do ano que vem", esclareceu o governador. O número estimado para o concurso ainda não é suficiente para suprir a defasagem de profissionais no quadro da corporação. Conforme o Correio divulgou com exclusividade em 2 de agosto, a carência é de 46%. "A reformulação do quadro vai ocorrer ao longo dos próximos anos", amenizou o coronel Antônio Porto.

Detran
Criticado pela deficiência nos atendimentos prestados à comunidade, o Departamento de Trânsito pegou carona nas autorizações para concurso e ganhou liberação para contratar 362 agentes. "A previsão é lançar o edital em setembro e convocá-los em janeiro, assim que acabar o período eleitoral", garantiu Rosso. Além disso, para minimizar, de

30

imediato, os problemas do órgão, o governador autorizou a convocação de 80 auxiliares de trânsito do último concurso, e mais 12 analistas de sistema. "Esses profissionais vão trabalhar nas ruas e nos procedimentos de vistorias, reduzindo, assim, o tempo de espera", acredita o diretor da autarquia, Antônio Saraiva.

O número

370

Número de vagas do concurso para o Corpo de Bombeiros autorizado pelo governador

O número

362

Número de agentes do Detran que serão contratados por meio de seleção autorizada por Rosso

Deputado Patrício abre mão dos 14º e 15º salários

O presidente da Câmara Legislativa, deputado Patrício, não irá receber os 14º e 15º salários.

O presidente da Câmara Legislativa, deputado Patrício, não irá receber os 14º e 15º salários. Assim como fez no primeiro mandato (2007-2011), Patrício rejeitou o privilégio por não concordar em ganhar um benefício diferente dos demais trabalhadores. Neste mandato o deputado segue o mesmo princípio. "Não acho justo os deputados trabalharem como os cidadãos e receberem um bônus excedente", afirma. Como presidente, Patrício articula para que a regalia seja extinta nessa legislatura.

Reconhecimento a servidores efetivados

Ocupar, no mínimo, 80% dos cargos comissionados das unidades hospitalares da rede da Saúde exclusivamente por servidores efetivos das carreiras.

Essa foi a sugestão do deputado Patrício (PT), presidente da Câmara, feita ao projeto da Saúde em discussão ocorrida na manhã de segunda (7), na Câmara Legislativa.

A idéia pode virar emenda coletiva ao PL 88/2011 ou ser absorvida pelos técnicos do GDF e ser incorporada a um projeto futuro, que vai tratar de toda estrutura administrativa do governo. Se for assim, a sugestão será estendida às demais áreas do GDF.

Ocupar, no mínimo, 80% dos cargos comissionados das unidades hospitalares da rede da Saúde exclusivamente por servidores efetivos das carreiras. Essa foi a sugestão do deputado Patrício (PT), presidente da Câmara, feita ao projeto da Saúde em discussão ocorrida na manhã de segunda (7), na Câmara Legislativa.

A idéia pode virar emenda coletiva ao PL 88/2011 ou ser absorvida pelos técnicos do GDF e ser incorporada a um projeto futuro, que vai tratar de toda estrutura administrativa do governo. Se for assim, a sugestão será estendida às demais áreas do GDF.

33

Bonecão do Patrício no Carnaval 2011

O Bonecão do Patrício percorreu o Carnaval de Brasília durante quatro dias participando de eventos tradicionais na cidade.

Como a Baratinha, o Galinho de Brasília, o desfile das escolas de samba da cidade, no Ceilambódromo, e muitos outros.

O Bonecão do Patrício percorreu o Carnaval de Brasília durante quatro dias participando de eventos tradicionais na cidade. Como a Baratinha, o Galinho de Brasília, o desfile das escolas de samba da cidade, no Ceilambódromo, e muitos outros.

Professores apresentam pauta de reivindicações para Patrício

Representantes do Sindicato dos Professores (Sinpro) se reuniram nesta quarta-feira (24) com o presidente da Câmara Legislativa, deputado Patrício, para entregar a pauta de reivindicações de 2011.

Representantes do Sindicato dos Professores (Sinpro) se reuniram nesta quarta-feira (24) com o presidente da Câmara Legislativa, deputado Patrício, para entregar a pauta de reivindicações de 2011.

A categoria já está em Estado de Greve, que ao contrário da greve geral, estabelece ao governo um período para negociações e sinaliza que a classe pode paralisar a qualquer momento. O prazo se encerra no dia 7 de abril (quinto dia útil do mês).

Segundo a diretora do Sinpro e integrante da Comissão de Negociação, Rosilene Correa, a pauta possui 90 itens que englobam questões financeiras e pedagógicas. "Queremos a sensibilidade do legislativo com a questão educacional, em especial com relação à correção do Fundo Constitucional em 13,83% para a categoria. É preciso que haja preocupação com a satisfação dos professores", disse.

Patrício esclareceu que a Casa está recebendo todas as reivindicações da sociedade e buscando abrir um canal de negociações junto ao Executivo. "A categoria tem responsabilidade com os pares e com o próprio Governo, uma vez que já que militam juntos. Acredito que o governador tem todo interesse em resolver a questão dos professores. A Câmara vai fazer o que for preciso. Somos parceiros e vamos encaminhar as reivindicações para o Governo", ressalta.

36

Patrício publica íntegra do relatório oficial da CPI da Codeplan

Em mais um ato de transparência à frente da presidência da Câmara Legislativa, o deputado Patrício publicou nesta sexta-feira (6) uma edição suplementar do Diário Oficial da Câmara (DCL) contendo a ata oficial da CPI da Codeplan, que investigava suposto esquema de corrupção envolvendo os governos anteriores em desdobramento da operação Caixa de Pandora da Polícia Federal.

Em mais um ato de transparência à frente da presidência da Câmara Legislativa, o deputado Patrício publicou nesta sexta-feira (6) uma edição suplementar do Diário Oficial da Câmara (DCL) contendo a ata oficial da CPI da Codeplan, que investigava suposto esquema de corrupção envolvendo os governos anteriores em desdobramento da operação Caixa de Pandora da Polícia Federal.

A CPI, instaurada na legislatura passada, teve o relatório votado e aprovado por unanimidade por todos os integrantes da comissão, mas foi alterado após uma reunião com apenas três membros.

De acordo com Patrício, um relatório da Procuradoria da Câmara também está publicado no DCL.

"Um amplo levantamento da Procuradoria da Câmara com investigação sobre a Caixa de Pandora identificou as irregularidades e foi publicado hoje juntamente com as mais de duas mil páginas do relatório oficial. O material será encaminhado para autoridades e órgãos competentes", disse Patrício. Para o presidente, a publicação demonstra "a disposição de acabar com a cultura de que CPI termina em pizza".

Patrício reforçou que compete à Câmara verificar irregularidades. "Seja crime, contravenção, ou até má fé de servidor público. Tudo será investigado. Isso serve para demonstrar ainda qual será a expectativa da Mesa em relação às próximas CPIs", ressaltou o deputado.

38

Informativo para os militares

Começou a ser distribuído novo jornal voltado para policiais e bombeiros militares, sobre as negociações do deputado Patrício para a categoria.

Começou a ser distribuído novo jornal voltado para policiais e bombeiros militares, sobre as negociações do deputado Patrício para a categoria. Para ler em primeira mão, na íntegra, clique.

39

Câmara Legislativa economiza R$7,5 mi na gestão de Patrício

O presidente da Câmara Legislativa, deputado Patrício, apresentou, durante coletiva de imprensa na manhã desta terça-feira (31), o relatório analítico de acompanhamento da execução orçamentária da CLDF no período de janeiro a abril deste ano.

O presidente da Câmara Legislativa, deputado Patrício, apresentou, durante coletiva de imprensa na manhã desta terça-feira (31), o relatório analítico de acompanhamento da execução orçamentária da CLDF no período de janeiro a abril deste ano. O demonstrativo mostra que, na gestão do parlamentar, o índice de despesas líquidas da Casa ficou em 1,49%, bem abaixo de 1,62%, limite prudencial da Lei de Responsabilidade Fiscal (LRF), comprometendo apenas 20,1% dos recursos previstos na Lei Orçamentária Anual.

Patrício revela que a queda de quase 10% no volume total de despesas líquidas no quadriênio de 2011 foi a maior já registrada e gerou economia de R$ 7,5 milhões.

No ano anterior, as contas estavam acima do limite, o que impedia judicialmente a Câmara de efetuar qualquer nomeação de servidor até que se enquadrasse. O bom desempenho foi comemorado pelo deputado: "não vamos ceder à pressão em relação aos gastos da casa. Seremos prudentes na gestão dos recursos".

As despesas com pessoal e encargos sociais foram os principais motivos para redução do índice, atingindo 6,2% de participação nas despesas sobre a receita corrente líquida do Distrito Federal. Projeção para os próximos meses aponta que o número caia ainda mais. E com a implementação da reestruturação, que foi elaborada por servidores e deputados, a Câmara Legislativa vai poupar creca de R$2 milhões por ano.

Patrício se reúne com deputados do Rio

Na tarde de segunda-feira(6), o deputado Patrício se reuniu com parlamentares e representantes do movimento dos bombeiros militares na Assembleia Legislativa do Rio de Janeiro. O grupo decidiu em primeiro lugar agir em favor da libertação dos bms presos no último sábado.

Na tarde de segunda-feira(6), o deputado Patrício se reuniu com parlamentares e representantes do movimento dos bombeiros militares na Assembleia Legislativa do Rio de Janeiro. O grupo decidiu em primeiro lugar agir em favor da libertação dos bms presos no último sábado. "As lideranças devem ser soltas para começar as negociações com o governador", disse Patrício.

Além disso, os deputados fizeram uma nota de apoio e planejaram a realização de panfletos para serem distribuídos. Patrício anunciou a contribuição do Distrito Federal em solidariedade aos bombeiros. "Na quarta (8), faremos uma caminhada. A mobilização continua", afirmou. Estavam presentes na reunião o deputado federal Chico Alencar e deputados estaduais Marcelo Freixo, Clarissa Garotinho, Paulo Ramos, Flávio Bolsonaro, Wagner Montes e Janira Rocha do Rio de Janeiro, Sargento Aragão de Tocantins e Sargento Soares de Santa Catarina.

Na última terça-feira (7), o deputado federal Alessandro Molon (PT-RJ) deu entrada no Projeto de Lei 1.524, de 2011, na Câmara dos Deputados. A proposição concede anistia aos bombeiros que participaram do movimento no Rio. O PL além de proteger a carreira dos 439 bombeiros presos, também anistia os companheiros que, porventura, venham a ser punidos por esses fatos.

Patrício prestigia final do campeonato de futebol amador no Gama

Na manhã do último domingo (19), o deputado Patrício prestigiou a final do campeonato de futebol amador no campo de grama sintética da Quadra 50, no Gama.

Na manhã do último domingo (19), o deputado Patrício prestigiou a final do campeonato de futebol amador no campo de grama sintética da Quadra 50, no Gama. A competição, mais conhecida como Gamadão, tem apoio do parlamentar que, juntamente com o governador Agnelo Queiroz, conquistou incentivo governamental inédito para o esporte.

Patrício reforçou o compromisso desse governo com o setor, que recebeu apoio nunca antes. "Este ano o governo assinou dois decretos reforçando os recursos da Secretaria de Esportes destinados ao orçamento do futebol amador, que agora totalizam R$ 2,6 milhões. Isso vai facilitar a cobertura da arbitragem e contribuir para a construção de mais campos sintéticos para as competições", destaca Patrício.

A Secretaria de Esporte estabeleceu um prazo para cadastro das entidades que trabalham com a modalidade em todo o Distrito Federal, conforme previsto no projeto de apoio (decreto nº 32.889, de 27/04/2011) que instituiu o comitê gestor para tratar do tema.

Algumas entidades tiveram problemas na documentação, dessa forma, a viabilização do incentivo passa a ser destinada à federação que deverá utilizar o recurso para cobrir os custos de arbitragem e a premiação dos torneios.

Patrício entrega premiação em campeonatos de cavalaria

*Entre os dias 24 e 26 de junho, 300 cavaleiros movimentaram a arena
do Regimento de Polícia Montada (RPMON), em Brasília.*

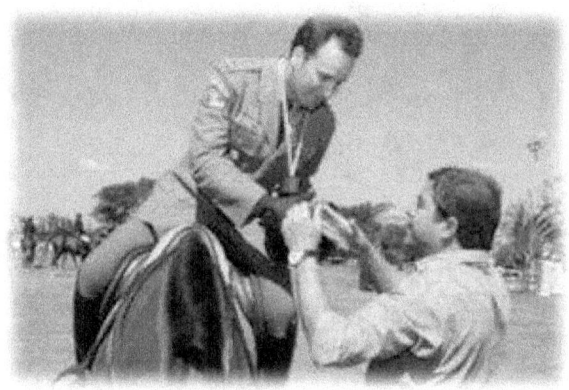

Entre os dias 24 e 26 de junho, 300 cavaleiros movimentaram a arena
do Regimento de Polícia Montada (RPMON), em Brasília. Os atletas
disputaram os campeonatos: Brasileiro Militar de Salto e Brasiliense de
Salto 2011. O deputado Patrício esteve na manhã de sábado (25) na
arena para assistir às performances. Ao final, o deputado, incentivador
da prática de esportes, premiou os vencedores de cada campeonato pela
prova de 1m30 com a taça Câmara Legislativa.

Patrício abre solenidade de regularização dos terrenos religiosos e assistenciais

Mais um esforço do deputado Patrício em conjunto com a base do governo na Câmara Legislativa para liberar a pauta de votações antes do recesso, obteve reconhecimento na tarde de quarta-feira (6), no Centro de Convenções Ulisses Guimarães.

Mais um esforço do deputado Patrício em conjunto com a base do governo na Câmara Legislativa para liberar a pauta de votações antes do recesso, obteve reconhecimento na tarde de quarta-feira (6), no Centro de Convenções Ulisses Guimarães.

Durante a solenidade de divulgação do primeiro edital de licitação dos terrenos destinados aos templos religiosos e entidades de assistência social, Patrício foi o primeiro a discursar e aproveitou para parabenizar os distritais, que contribuíram para votação do projeto sem vícios de iniciativa.

"Agradeço a todos os distritais que contribuíram para votação do projeto em tempo hábil e à população que compareceu à audiência pública na Câmara. Parabenizo ao Governador Agnelo Queiroz que soube construir a aliança com vários partidos para que a Câmara e o Governo funcionem e para que tudo, em quatro anos, no governo do novo caminho, possa dar certo e corrigir injustiças do passado.

Também peço aos líderes de templos religiosos, que incluam em suas orações todas as autoridades para que todos nós possamos ser iluminados para juntos construirmos uma Brasília muito melhor", discursou Patrício.

Esse é o primeiro edital de venda dos terrenos às entidades de acordo com a Lei complementar nº 13/2011, aprovada pela Câmara Legislativa. A regularização dos lotes ocupados por templos religiosos e entidades de assistência social faz parte das ações da Política de Regularização adotada pelo governador Agnelo Queiroz e tem como objetivo acabar com a problemática que se arrasta há quase duas décadas. A publicação no Diário Oficial sairá na próxima segunda-feira (11) e a previsão é que ao longo dos meses sejam publicadas outras listas de entidades.

Negociações entre categoria e governo continuam

Após se reunir com os secretários de governo na manhã desta quinta-feira (28), o deputado Patrício seguiu para assembleia com policiais e bombeiros militares, em frente ao Buriti.

Após se reunir com os secretários de governo na manhã desta quinta-feira (28), o deputado Patrício seguiu para assembléia com policiais e bombeiros militares, em frente ao Buriti. "O governo assegurou que as propostas dos policiais e bombeiros militares serão encaminhadas, juntamente com a proposta da polícia civil ao governo federal", ressalta Patrício.

Patrício ressalta que uma conjuntura política está sendo criada na esfera federal para afiançar o encaminhamento da proposta. "Esta semana, o governador já se reuniu com representantes do governo federal. Vamos fazer como sempre fizemos ao longo dos anos, vamos decidir em assembléia e negociar com o governo federal fazendo as articulações necessárias", revela.

"Uma equipe técnica com bacharéis estruturou a proposta para que não haja nenhum vício de iniciativa. Não abrimos mão de nenhum ponto das reivindicações aprovadas por unanimidade em assembleia com a categoria. Não vamos dividir a categoria. Queremos dividir as responsabilidades, como sempre defendemos e essa proposta vai passar porque não abrimos mão", discursou Patrício.

De acordo com as negociações, o código de conduta foi aceito e será instituído no dia 25, criando mais democracia a partir de uma junta militar que vai definir as formas de sanção disciplinar e acabar com injustiças.

Ficou definido que o CHOAEM será por antiguidade e a quantidade de vagas continua em negociação com o governo e comandos militares. A antecipação do risco de vida continua em negociação, mas a primeira parcela de agosto está garantida e até o dia 25 o governador definirá as próximas. As negociações continuam abertas até 25 de agosto, quando é comemorado o dia do soldado.

Pelo cronograma apresentado pelo governo, outras três reuniões estão agendadas com as assessorias técnicas para os dias 8, 15 e 24 de agosto. Reuniões setorizadas com as entidades de classe serão realizadas ao logo das negociações para dar transparência sobre o andamento. Os mais de três mil militares que compareceram ao ato de hoje, decidiram, por ampla maioria, marcar uma nova assembléia para dia 26, às 9h, em frente ao Buriti.

Mais de 2,8 mil PMs promovidos

Graças a articulação do deputado Patrício em prol da categoria foi publicada no boletim Nº 173 do comando geral na última segunda-feira (22), a promoção de 2.822 policiais para o quadro de praças combatentes e especialistas da Polícia Militar do Distrito Federal.

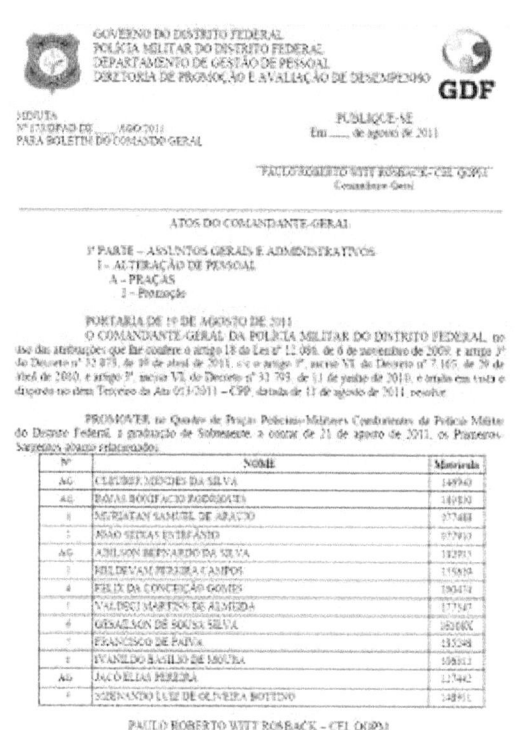

Graças a articulação do deputado Patrício em prol da categoria foi publicada no boletim Nº 173 do comando geral, na última segunda-feira (22), a promoção de 2.822 policiais para o quadro de praças combatentes e especialistas da Polícia Militar do Distrito Federal.

As promoções serão válidas a contar do dia 21 de agosto. Foram 13 promovidos a subtenente, 528 à graduação de primeiro sargento, 664 a segundo sargento, 790 a terceiro sargento e 827 a cabo.

Bombeiros contam com apoio de Patrício para competirem em NY

Na última terça-feira (23), o deputado Patrício recebeu a equipe de bombeiros militares lutadores de taekwondo e karate que viajaram no mesmo dia para Nova York representando Brasília nos Jogos Mundiais de Polícia e Bombeiros de 2011 (2011 World Police and Fire Games).

Na última terça-feira (23), o deputado Patrício recebeu a equipe de bombeiros militares lutadores de taekwondo e karate que viajaram no mesmo dia para Nova York representando Brasília nos Jogos Mundiais de Polícia e Bombeiros de 2011 (2011 World Police and Fire Games). Os atletas, que foram vencedores de medalhas no último campeonato, buscaram apoio junto ao deputado para que possam repetir o feito neste ano.

O sargento Janivaldo é um dos bombeiros que se reuniu com Patrício, ele foi o campeão mundial, ano passado, da competição de taekwondo. Além dele, estiveram presentes o sargento Junior, vice-campeão; o subtenente Oliveira, medalha de bronze e o sargento Pedrosa, vice-campeão de karate e medalha de bronze em taekwondo.

Patrício reconheceu a importância dos competidores se mobilizarem e parabenizou os resultados que eles conseguiram em 2010. "A iniciativa de vocês tem muito valor para o Corpo de Bombeiros e para Brasília também. Principalmente, por terem ganhado tantas medalhas no último evento", vibrou o deputado, que irá articular com o comandante o apoio efetivo da instituição para a participação de mais atletas em futuras competições.

Patrício apoia excedentes do Bombeiro

Na tarde de quarta-feira (24), o deputado Patrício reuniu o comandante Geral em exercício do Corpo de Bombeiros Militares, o subcomandante Julio Cesar, com excedentes do concurso da instituição de 2011.

O grupo reivindica ao comando a convocação imediata, junto aos demais aprovados, para que possam fazer a segunda etapa do concurso, o teste físico.

O subcomandante explicou que, apesar do efetivo ter um déficit de 4mil soldados e da aprovação de 2012, a corporação só poderá convocar 1240 concursados previstos no contrato firmado com o Centro de Seleção e de Promoção de Eventos (Cespe).

"A corporação tem total interesse em aproveitar todos os que passaram no concurso, mas temos que seguir o edital", reafirmou Julio Cesar.

Em relação à convocação dos excedentes, o diretor de recursos humanos dos Bombeiros, Luis Claudio, disse que a instituição já está em contato com o Cespe para tentar negociar uma segunda convocação. "Infelizmente, nós temos um limite de pessoas a serem chamadas", explicou.

O deputado Patrício esteve na noite de terça-feira (23) com os excedentes e com o deputado Cristiano Araújo. Além de convocar a audiência com o comandante em exercício, Patrício garantiu que fará o possível para que eles sejam convocados assim como fez na Polícia Militar.

Combate às drogas no DF ganha reforço de Patrício

Durante o lançamento do Plano Distrital de Enfrentamento ao Crack e outras Drogas na tarde da última terça-feira (31), o deputado Patrício, apoiou as ações adotadas pelo Governo para um Distrito Federal sem drogas.

"A Câmara Distrital está aqui para somar. Somos parceiros e caminharemos de mãos dadas com o governo no combate às drogas", afirmou.

Durante o evento, o governador inaugurou também mais um Centro de Atenção Psicossocial em Álcool e outras Drogas (CAPS AD), o primeiro com atendimento 24 horas, que vai oferecer acolhimento, avaliação e inserção dos usuários nos tratamentos de recuperação. "O álcool é a droga mais perigosa e exige cuidados. Somente com iniciativas como esta, que mobilizam autoridades locais e toda a sociedade para combater as drogas", destacou Patrício.

O plano é resultado do trabalho realizado pelo Comitê de Enfrentamento ao Crack e outras Drogas, criado em 3 de maio de 2011, pelo Decreto nº 32.901. O comitê é composto por 15 secretarias de

Estado, além da Codeplan, e é coordenado pelo Secretaria de Justiça, Direitos Humanos e Cidadania. O plano contempla ainda ações especiais de capacitação, treinamento, pesquisa e, principalmente, envolvimento da sociedade como um todo no enfrentamento ao crack e outras drogas.

Equipe apoiada por Patrício traz dois campeões mundiais

A equipe de bombeiros militares lutadores de taekwondo e karate que viajou para os Jogos Mundiais de Polícia e Bombeiros de 2011 (World Police and Fire Games) chega a Brasília com oito medalhas na bagagem, além de dois campeões mundiais nas duas modalidades.

A equipe de bombeiros militares lutadores de taekwondo e karate que viajou para os Jogos Mundiais de Polícia e Bombeiros de 2011 (*World Police and Fire Games*) chega a Brasília com oito medalhas na bagagem, além de dois campeões mundiais nas duas modalidades. Os competidores que já se sagraram campeões em 2010, pediram apoio do deputado Patrício para viajar até Nova York (EUA) e representar o Corpo de Bombeiros Militares do Distrito Federal.

Vice-campeão no ano passado, o terceiro sargento Junior se superou e chegou com a medalha de ouro e o título de campeão mundial de taekwondo. O terceiro sargento Homero, além do ouro e o título de campeão mundial no karatê, conquistou mais duas medalhas de bronze na modalidade. No taekwondo, o terceiro sargento Genivaldo e o

subtenente Oliveira conquistaram o bronze e, no karatê, o terceiro
sargento Pedrosa duas medalhas de bronze.

Genivaldo revela que, apesar do nível de dificuldade, o apoio foi
fundamental para que a equipe pudesse trazer dois títulos mundiais.
"Batalhamos a vida inteira para representar nosso comando e ficar
entre os melhores. Nós nos sentimos muito realizados em colocar o
Corpo de Bombeiros do DF no topo do mundo", entusiasmou-se.

Paulo Freire é patrono da educação no DF

O plenário aprovou Projeto de Lei 496/2011 do deputado Patrício, que declara Paulo Freire como patrono da educação no Distrito Federal. Para comemorar, Patrício propõe uma sessão solene em homenagem ao educador brasileiro.

O plenário da Câmara Legislativa aprovou na tarde desta quarta-feira (14), o Projeto de Lei 496/2011 do deputado Patrício, que declara Paulo Freire como patrono da educação no Distrito Federal.

Para comemorar a sua renomada trajetória, Patrício, na qualidade de presidente da Câmara Legislativa do Distrito Federal, propõe uma sessão solene em homenagem ao pensador da educação brasileira, no dia em que completaria 90 anos.

O evento será nesta segunda-feira (19) às 19h, no auditório da Casa e terá a participação de Ana Maria Araújo Freire, conhecida como Nita, viúva do educador. Na ocasião, a viúva do educador vai receber as honras em nome do falecido esposo e será lançado o livro de autoria de

Venício A. de Lima: Comunicação e Cultura – As ideias de Paulo Freire.

No dia 20 de setembro, haverá o 1º Encontro Paulo Freire no Distrito Federal, das 8h às 18h, no auditório da CLDF.

O evento prevê reunir estudantes e educadores durante o dia inteiro para refletir sobre o passado, presente e futuro da educação brasileira e os impactos de políticas educacionais a partir do método Paulo Freire.

Paulo Freire é homenageado em solenidade proposta por Patrício

No dia em que completaria 90 anos, o educador Paulo Freire foi homenageado pelo presidente da Câmara Legislativa, deputado Patrício (PT), em uma Sessão Solene no auditório da Casa.

No dia em que completaria 90 anos, o educador Paulo Freire foi homenageado pelo presidente da Câmara Legislativa, deputado Patrício (PT), em uma Sessão Solene no auditório da Casa. Para comemorar a renomada trajetória do pensador da educação brasileira, a viúva Ana Maria Araújo Freire, mais conhecida como Nita, congratulou a iniciativa de Patrício e revelou que dos mais de dez títulos de cidadão honorário, Freire nunca havia sido considerado Patrono da Educação, como declarou o Projeto de Lei 496/2011 do parlamentar, aprovado em plenário na última quarta-feira (14) e sancionado neste 19 de setembro.

Nita presenteou Patrício com um exemplar da primeira biografia de Paulo Freire, escrita a partir das memórias da viúva e, em discurso, enalteceu a iniciativa do deputado. "Entendo este título de Patrono da Educação da cidade em que meu marido adotou para viver, como um comprometimento desta Casa Legislativa em transformar a educação, saindo da educação elitizada para uma educação popular. Sem esse comprometimento, o título não terá efeito algum", discursou.

Patrício reforçou a importância da educação popular ao lembrar quando os próprios pais foram alfabetizados pelo programa educacional do governo Cristovam e Arlete, no Gama. "Lembro quando meus pais, um mestre de obras e uma lavadeira, com muito esforço incentivaram os filhos a estudarem. Depois dessa oportunidade, eles não pararam de estudar e hoje, considero importante que eu continue incentivando a educação", disse.

Durante esta terça-feira (20), um encontro vai reunir estudantes e educadores durante um dia inteiro para refletir sobre o passado, presente e futuro da educação brasileira e os impactos de políticas educacionais a partir da ótica educacional do método Paulo Freire.

A deputada Rejane Pitanga (PT), membro da Frente Parlamentar da Cultura, fez parte da mesa do evento. Também estiveram presente, a Ministra da Cultura, Ana de Hollanda; a secretária de Desenvolvimento Social, Arlete Sampaio; o secretário de Cultura, Hamilton Pereira; o reitor da UnB, José Geraldo; o diretor da Universidade Católica

Virtual, Francisco Botelho; o diretor da Fundação Perseu Abramo,
Flávio Jorge Rodrigues; a coordenadora do setor de educação do MST,
Vanderlúcia Simplício; o secretário de Políticas Culturais do Ministério
da Cultura, Sergio Mambert e a diretora da editora da UnB, Lúcia
Helena Pulino. No final da Sessão Solene foi lançado o livro de
Venício A. de Lima, intitulado: Comunicação e Cultura - As idéias de
Paulo Freire.

Patrício participa da Semana Nacional de Trânsito

Uma blitz educativa precedeu o lançamento da Frente Parlamentar do Trânsito Seguro no DF no Parque da Cidade neste último domingo (18) e contou com a participação de Patrício.

Uma blitz educativa precedeu o lançamento da Frente Parlamentar do Trânsito Seguro no DF no Parque da Cidade neste último domingo (18). Segundo dados do Departamento Nacional de Trânsito (Detran), no DF, até julho deste ano, 267 pessoas morreram no trânsito da cidade.

Para o deputado Patrício, que também esteve presente no evento, o papel da frente parlamentar vai além da redução no número de acidentes nas rodovias. "É preciso promover políticas de fiscalização, educacionais e de prevenção, para que os índices de acidentes atinjam a meta da Organização das Nações Unidas, que é redução dos índices pela metade", defende Patrício.

A frente parlamentar é uma iniciativa do deputado Joe Vale (PSB) e faz parte da Semana Nacional de Trânsito 2011, lançada na última segunda-feira (19), no Palácio do Buriti. O presidente da Comissão de Segurança da Câmara Legislativa, deputado Aylton Gomes (PR), também é membro da Frente Parlamentar do Trânsito Seguro. Também participaram da blitz educativa a deputada Celina Leão e o secretário de Transportes, José Walter Vazquez Filho.

A programação da semana vai até domingo (25) e inclui atividades como missa em homenagem às vítimas de trânsito, caminhada pela qualidade de vida, passeio ciclístico, encontro de motociclistas, blitzes noturnas nos bares e nas rodovias sobre Lei Seca e excesso de velocidade, dentre outras.

Gestão de Patrício na CLDF é a mais econômica dos últimos 11 anos

Foi publicado no Diário da Câmara Legislativa na última quarta-feira (28) o Relatório de Gestão Fiscal com o demonstrativo de despesas com pessoal, orçamento fiscal e da seguridade.

Foi publicado no Diário da Câmara Legislativa na última quarta-feira (28) o Relatório de Gestão Fiscal com o demonstrativo de despesas com pessoal, orçamento fiscal e da seguridade. Mais uma vez, a CLDF registrou índices bem abaixo do limite prudencial de 1,62%, gerando economia superior a R$ 7,5 milhões. O deputado Patrício, presidente da CLDF, a custo de muitas críticas dos parlamentares, não cedeu à pressão, buscou ser prudente e priorizou conter os gastos. "A população merece ver o dinheiro público bem aplicado", defendeu Patrício.

Desde a criação da Lei de Responsabilidade Fiscal (LRF), em 2000, a Câmara Legislativa enfrentava dificuldades para se enquadrar nos limites impostos pela LRF. No último quadrimestre os gastos ficaram bem abaixo do limite de 1,62%, gerando economia de R$ 7,5 milhões.

Entre setembro de 2010 e agosto de 2011, a Câmara Legislativa gastou R$ 5 milhões a menos com pagamento de pessoal e encargos sociais. Economia superior que o mesmo período dos anos anteriores. "Os dados comprovam o nosso compromisso de uma gestão austera e transparente.

Com um trabalho intenso de redução de gastos, conquistamos, pela primeira vez, o menor índice desde que a LRF entrou em vigor. Estamos dando à população do DF respostas transparentes e eficazes sobre o trabalho do Poder Legislativo em prol da nossa cidade", reforçou Patrício.

Para apurar os gastos com base na LRF, são analisados, a cada quatro meses, os números relativos aos 12 meses anteriores. A norma fixa em no máximo 3% da Receita Corrente Líquida, que é o volume de dinheiro arrecadado em um ano.

"O objetivo do limite prudencial é evitar excessos nos gastos públicos do Poder Legislativo local e cabe ao presidente da Casa, adotar medidas para reduzir os gastos, mesmo sob duras críticas", explica Patrício.

A queda de quase 10% no volume total de despesas líquidas no quadriênio de 2011 foi a maior já registrada. Com a implementação da reestruturação, que foi elaborada por servidores e deputados, a Câmara Legislativa vai poupar cerca de R$ 2 milhões por ano.

O não enquadramento da CLDF na LRF prevê punições, como impedimento de celebrar parcerias ou convênios com o Governo Federal e órgãos internacionais, podendo impedir que o Governo do Distrito Federal faça investimentos públicos na cidade.

Portaria para mudança em curso de progressão dos BMs teve articulação de Patrício

Articulada ao longo dos últimos meses pelo deputado Patrício, a proposta que muda as regras para a matrícula nos cursos que visam a progressão funcional dos militares do CBMDF foi publicada no Boletim Geral 153.

Articulada ao longo dos últimos meses pelo deputado Patrício, a proposta que muda as regras para a matrícula nos cursos que visam a progressão funcional dos militares do CBMDF foi publicada no Boletim Geral 153. Na última terça-feira (27/9), o comandante-geral do CBMDF, coronel Márcio de Souza Matos, fez uma reunião no auditório da Academia de Bombeiros para esclarecer as dúvidas dos bombeiros.

A alteração nas regras se deu por conta de militares mais antigos estarem fora dos cursos, que além de permitirem a progressão funcional do militar, majora a Gratificação de Certificação Profissional. Com isso, militares mais com mais tempo nas graduações estavam tendo menores remunerações em relação aos militares com menos tempo, já que há uma defasagem em relação às vagas dos QBMGs.

Para Patrício, os QBMG 2 (condutor e operador de viaturas) eram os mais prejudicados com as regras anteriores. "É preciso batalhar para corrigir distorções que acabam prejudicando a categoria", disse.

Cerca de 300 militares estavam no encontro e consideraram a proposta positiva. Agora, 50% das vagas serão destinadas aos militares mais antigos, independente da qualificação e o restante será preenchido respeitando a proporcionalidade entre as QBMGs (qualificações bombeiro-militar).

Embaixador francês pede apoio de Patrício para construir Liceu

O deputado Patrício recebeu na presidência da Câmara Legislativa, na manhã de quinta-feira (13), o embaixador da França no Brasil, Yves Saint-Geour.

O deputado Patrício recebeu na presidência da Câmara Legislativa, na manhã de quinta-feira (13), o embaixador da França no Brasil, Yves Saint-Geour. O diplomata pediu celeridade na apreciação do projeto de lei complementar nº 18/2011, que altera os limites de um lote localizado na QI 21 do Lago Sul para construção do Liceu Francês em Brasília.

A proposição já está na Comissão de Assuntos Fundiários (CAF) e em seguida será encaminhada para a Comissão de Constituição e Justiça (CCJ), antes de ir para votação em Plenário.

Patrício se comprometeu em incluir a matéria na ordem do dia o mais breve possível e aproveitou para convidar a embaixada para usar do espaço cultural da Câmara Legislativa para montar uma exposição francesa.

Liceu – Na França o liceu é um estabelecimento de ensino, nos moldes dos discursos feitos por Aristóteles, onde são ministrados os três últimos anos do ensino secundário, com aulas de capacitação profissional

Publicada a anistia de policiais e bombeiros militares

O Diário Oficial da União publicou nesta quinta-feira (13), a Lei
12.505/11, que anistia os policiais e bombeiros militares em 13 estados
e o Distrito Federal de responder por crime militar após participar de
movimentos grevistas desde o ano passado.

O Diário Oficial da União publicou nesta quinta-feira (13), a Lei
12.505/11, que anistia os policiais e bombeiros militares em 13 estados
e o Distrito Federal de responder por crime militar após participar de
movimentos grevistas desde o ano passado. Ao saber da prisão dos 439
bombeiros cariocas em junho deste ano, o deputado Patrício, como
presidente do legislativo do Distrito Federal, se solidarizou e foi
pessoalmente ao Rio de Janeiro para se reunir com parlamentares da
Assembleia Legislativa (Alerj) e falar com os líderes do movimento
que foram presos.

Além disso, Patrício mobilizou caravanas nacionais ao Rio e realizou
uma passeata até o Congresso Nacional em sufrágio aos bombeiros.
Em agradecimento pelo apoio, uma comitiva de seis ônibus de
bombeiros cariocas veio a Brasília homenagear Patrício pelo empenho
em ajudar os militares.

Patrício já ficou 131 dias preso por reivindicar melhores salários e
condições de trabalho aos policiais de Brasília, após uma assembléia
em 2001. Manifestações são consideradas insubordinação pelo Código
Penal Militar. Agora, ficam livres de responder na justiça, os PMs e
BMs que fizeram reivindicações profissionais desde 2010.

Veja a íntegra da lei sancionada pela presidenta Dilma Rousseff:

LEI Nº 12.505, DE 11 DE OUTUBRO DE 2011

Concede anistia aos policiais e bombeiros militares dos Estados de Alagoas, da Bahia, do Ceará, de Mato Grosso, de Minas Gerais, de Pernambuco, do Rio de Janeiro, do Rio Grande do Norte, de Rondônia, de Roraima, de Santa Catarina, de Sergipe e do Tocantins e do Distrito Federal punidos por participar de movimentos reivindicatórios.

A PRESIDENTA DA REPÚBLICA

Faço saber que o Congresso Nacional decreta e eu sanciono a seguinte Lei:

Art. 1º É concedido anistia aos policiais e bombeiros militares dos Estados de Alagoas, de Minas Gerais, do Rio de Janeiro, de Rondônia e de Sergipe que participaram de movimentos reivindicatórios por melhorias de vencimentos e de condições de trabalho ocorridos entre o dia 1o de janeiro de 1997 e a publicação desta Lei e aos policiais e bombeiros militares dos Estados da Bahia, do Ceará, de Mato Grosso, de Pernambuco, do Rio Grande do Norte, de Roraima, de Santa Catarina e do Tocantins e do Distrito Federal que participaram de movimentos reivindicatórios por melhorias de vencimentos e de condições de trabalho ocorridos entre a data da publicação da Lei no 12.191, de 13 de janeiro de 2010, e a data de publicação desta Lei.

Art. 2º A anistia de que trata esta Lei abrange os crimes definidos no Decreto-Lei no 1.001, de 21 de outubro de 1969 – Código Penal Militar, e as infrações disciplinares conexas, não incluindo os crimes definidos no Decreto-Lei no 2.848, de 7 de dezembro de 1940 – Código Penal, e nas leis penais especiais.

Art. 3º Esta Lei entra em vigor na data de sua publicação.

Brasília, 11 de outubro de 2011; 190º da Independência e 123º da República.

DILMA ROUSSEFF

Patrício inaugura mais uma exposição na Câmara

Nesta segunda-feira (17), a Câmara Legislativa volta a sediar uma exposição em seu espaço cultural. O deputado Patrício vai abrir a exposição às 19h30.

O deputado Patrício abre, nesta segunda-feira (17) , na Câmara Legislativa, mais uma exposição em seu espaço cultural. "O Realismo Fantástico de Vasconcellos", ocupará o salão do plenário e será aberta oficialmente às 19h30. A exposição será a primeira de artes plásticas a ocupar o espaço localizado no salão do plenário da Câmara Legislativa. Composta por 30 quadros do artista plástico Vasconcellos, mineiro radicado na Dinamarca desde a década de 70, após longa perseguição pelo regime militar, a mostra ficará aberta à visitação até o dia 11 de novembro, de segunda a sexta-feira, das 9h às 18h, exceto finais de semana e feriados. A entrada é franca. A concretização do espaço cultural é resultado do acordo de cooperação técnica realizado em junho deste ano entre a Câmara dos Deputados e a Câmara Legislativa.

A obra de Vasconcellos traz uma carga dramática na construção do tema com percepção crítica da realidade circundante e da sua representação mimética, na qual o elemento humano tem papel principal. Trabalha com o elemento feminino, com o infantil, ou mesmo com adulto, sempre com extrema sensibilidade. Uma característica que chama atenção em suas obras é a luz, o contraste entre o claro e o escuro. Vasconcellos utiliza uma técnica mista na qual a espátula se sobrepõe ao pincel na aplicação do óleo ou do acrílico, trabalhando a resina vegetal em que a mistura pigmentada traz os efeitos cromáticos à tela, dando assim característica única ao artista.

O artista - Premiado e reconhecido mundialmente, Vasconcellos fez questão de acompanhar pessoalmente a montagem de suas obras na Câmara Legislativa e garante que estará presente na abertura da mostra. Ele expõe frequentemente em galerias e museus na Europa, no Oriente e no Brasil e vem anualmente ao país para matar as saudades e trazer as novidades de sua produção artística. Já expôs duas vezes na Câmara dos Deputados. Em 2008, com "O Realismo Mágico de Vasconcellos" e, neste ano, a mesma exposição agora apresentada na Câmara Legislativa, "O Realismo Fantástico", porém, com algumas novas colagens e trabalhos em técnica mista, como as séries "Decameron" e "Los Carnavales".

"O tema segue caminhos já visitados pela minha fantasia onírica e telúrica, mas abre novas janelas e portas para um universo ainda não totalmente explorado. Sigo na linguagem dos sonhos e dos símbolos. Muitas das telas agora apresentadas resultam de um novo mergulho no universo mágico do consciente coletivo, apontando aqui e ali certos arquétipos comuns a todos nós e resgatando os fantasmas adormecidos no canto da memória de cada um", diz Vasconcellos.

A série "People From My Dreams" é o exemplo mais claro desse mergulho. "Sigo buscando, por meio da arte que desenvolvo, responder as perguntas que a aida me faz todos os dias, recriando a universalidade das imagens, dos símbolos comuns ao ser humano através de uma cromoterapia cada vez mais comprometida com a magia propiciatória", revela.

Patrício   Evan do Carmo

Acordo de cooperação - Para o presidente da Câmara Legislativa, deputado Patrício (PT), a parceria pioneira no Legislativo local com a Câmara dos Deputados é de suma importância para a Casa e vai contribuir para aproximar ainda mais a Câmara Legislativa da sociedade por meio da cultura e do aperfeiçoamento do processo legislativo. Patrício lembra ainda que o acordo de cooperação firmado com a Câmara dos Deputados tem o objetivo de propiciar intercâmbio técnico-científico, social, museológico, histórico, artístico e cultural entre as duas casas legislativas.

O deputado demonstra empolgação ao falar da exposição de quadros de Vasconcellos, escolhida para ocupar o espaço cultural da Câmara Legislativa. "A Casa sente-se honrada em disseminar um pouco da história relevante de Vasconcellos, artista plástico de traço meticuloso, realçado com detalhes e reconhecido em vários países, principalmente na Europa", elogia.

Serviço

"O Realismo Fantástico", exposição do artista plástico Vasconcellos.

Local: Salão do Plenário da Câmara Legislativa do Distrito Federal

Visitação: de 17 de outubro a 11 de novembro de 2011, de segunda à sexta, das 9h às 18h, exceto finais de semana e feriados. Entrada franca.

Abertura: dia 17 de outubro, às 19h30

Com informações da CLDF.

Relatório comprova: gestão de Patrício é a mais econômica

As despesas da Câmara Legislativa na gestão do deputado Patrício, entre janeiro e setembro deste ano, tiveram redução de 9,5%. Uma economia média de R$ 16,8 milhões em relação ao mesmo período do ano passado.

As despesas da Câmara Legislativa na gestão do deputado Patrício, entre janeiro e setembro deste ano, tiveram redução de 9,5%. Uma economia média de R$ 16,8 milhões em relação ao mesmo período do ano passado. Os números são do último Relatório Analítico de Acompanhamento da Execução Orçamentária da Câmara Legislativa do DF divulgado pela Coordenadoria de Planejamento e Elaboração Orçamentária da CLDF.

Para Patrício, os dados comprovam o compromisso de uma gestão austera e transparente. "Com um trabalho intenso de redução de gastos, conquistamos, pela primeira vez, o menor índice desde que a LRF entrou em vigor. A população merece ver o dinheiro público bem aplicado, mesmo a custo de muitas críticas dos parlamentares, mas eu não cedi à pressão e busquei ser prudente, priorizando conter os gastos", destaca Patrício.

Faltando apenas três meses para o término do exercício financeiro, as projeções confirmam a tendência de queda no volume de despesas liquidadas pela Casa e deverá ficar abaixo do registrado em 2010, que foi de R$ 252,1 milhões. Aproximadamente R$ 110 milhões da previsão orçamentária destinada à Câmara Legislativa em 2011 não deverá ser utilizada, ficando disponíveis para eventuais reprogramações na Lei Orçamentária Anual.

Patrício   Evan do Carmo

No início desse mês, o secretário de Planejamento e Gestão, Edson Ronaldo Nascimento, logo que chegou para uma reunião com Patrício na presidência da Câmara Legislativa, elogiou a gestão do deputado. "Esta gestão é um exemplo de responsabilidade fiscal e social. É um marco histórico do legislativo de Brasília", enalteceu.

Tamanha economia rendeu a cessão dos recursos poupados pela Câmara, para o poder Executivo. "É importante que todos os poderes também façam esse mecanismo. Isso não impede que a sociedade fiscalize os gastos. Eu, mesmo sendo da base, fiscalizo o executivo. Isso independe da base de partido, nosso papel é fiscalizar. Vamos trabalhar sempre em harmonia e este é o processo democrático. Meu compromisso é com a sociedade do Distrito Federal. Como presidente do poder legislativo vou me empenhar para que, na minha gestão, tenhamos mais transparência possível", reforçou Patrício.

Para apurar os gastos com base na Lei de Responsabilidade Fiscal (LRF), são analisados, a cada quatro meses, os números relativos aos 12 meses anteriores. A norma fixa em no máximo 3% da Receita Corrente Líquida, que é o volume de dinheiro arrecadado em um ano. "O objetivo do limite prudencial é evitar excessos nos gastos públicos do Poder Legislativo local e cabe ao presidente da Casa, adotar medidas para reduzir os gastos, mesmo sob duras críticas", explica Patrício.

A queda no volume total de despesas líquidas foi a maior já registrada. O não enquadramento da CLDF na LRF prevê punições, como impedimento de celebrar parcerias ou convênios com o Governo Federal e órgãos internacionais, podendo impedir que o Governo do Distrito Federal faça investimentos públicos na cidade.

Para 4,2% da população do DF, Patrício é o melhor deputado

O site Brasília 247 divulgou no sábado (12), uma pesquisa realizada pelo instituto O&P Brasil que mapeou o ranking dos melhores deputados distritais. Patrício foi lembrado por 4,2% dos entrevistados e alcançou a terceira colocação entre todos os parlamentares.

O site Brasília 247 divulgou no sábado (12), uma pesquisa realizada pelo instituto O&P Brasil que mapeou o ranking dos melhores deputados distritais. Patrício foi lembrado por 4,2% dos entrevistados e alcançou a terceira colocação entre todos os parlamentares.

Patrício afirma que manter a posição é um desafio. "Como dirigente da Casa, os fatos negativos associados a ela acabam repercutindo muito na minha imagem", avalia. Ele não teme, no entanto, que a má avaliação do governo Agnelo possa afetar seu eleitorado. "Cada um vai ser avaliado pelo que fez, mas tenho certeza de que se o atual governo tivesse mais firmeza estaria melhor na pesquisa", acredita. "É preciso que o governo mantenha o comando nas secretarias, cobre metas, não pode deixar cada um fazer o que quer."

O órgão de pesquisa entrevistou 900 pessoas de 4 a 7 de novembro, sendo a margem de erro da pesquisa de 3,3%.

Veja a integra da matéria:

12 de Novembro de 2011 às 16:24

Três distritais do PT entre os melhores da Câmara

Chico Leite lidera o ranking baseado em pesquisa do instituto O&P Brasil. Evandro Garla (PRB) é o último colocado

Noelle Oliveira_Brasília 247 – Se a aceitação do Partido dos Trabalhadores não vai bem no governo – 67,1% dos brasilienses desaprovam a administração de Agnelo Queiroz –, na Câmara Legislativa três dos quatro deputados mais bem avaliados são da legenda. Segundo pesquisa do instituto O&P Brasil, também responsável pelos índices referentes ao governo local, o deputado Chico Leite (PT) é considerado o melhor distrital.

Foi citado por 7,2% dos entrevistados. Em seguida, vem Eliana Pedrosa (PSD), com 5,4% da preferência. Completam o quarteto vencedor, respectivamente, o presidente da Câmara Legislativa, deputado Patrício (PT), e o líder do PT na Câmara, Chico Vigilante.

Desde o início da legislatura, Chico Leite repete a colocação na pesquisa trimestral. Em maio, apareceu com 8% da preferência e, em agosto, com 8,4%. O parlamentar foi o mais bem votado nas últimas eleições, somando 36.806 votos – 2,61% do total. Para o distrital, o resultado da pesquisa aumenta a responsabilidade diante dos brasilienses. "Vejo isso como forma de reconhecimento e continuarei trabalhando para retornar à população essa confiança." O deputado é o favorito entre a parcela da população que cursa o ensino superior ou já se formou. A região que mais aprova o petista é a definida pela pesquisa como grande Plano Piloto, que abrange Asa Sul, Asa Norte, Lago Sul, Lago Norte, Guará, Sudoeste, Octogonal e Cruzeiro.

Seguindo o placar das últimas eleições, em que também foi a segunda colocada, Eliana Pedrosa aparece na vice-liderança do ranking dos distritais. Ela tem 5,4% da preferência dos eleitores e também repete o resultado pela terceira vez. Em maio, tinha 7% da preferência. Em agosto, 5,4%. "Trabalho muito e cumpro meu papel como parlamentar, nas comissões, no plenário e ouvindo as reivindicações daqueles que me elegeram", diz. A parlamentar, mais voltada à oposição, defende uma postura independente na Casa. "Meu interesse é defender a sociedade de Brasília, ser do contra só para não ser base não cabe mais." Eliana foi eleita pelo Democratas (DEM), com 35.387 votos, e se filiou em agosto ao Partido Social Democrático (PSD).

Quarto mais votado, Patrício é o terceiro mais bem avaliado deputado distrital, de acordo com os números levantados pelo instituto O&P. Para o parlamentar, manter a posição é um desafio. "Como dirigente da Casa, os fatos negativos associados a ela acabam repercutindo muito na minha imagem", avalia. Ele não teme, no entanto, que a má avaliação do governo Agnelo possa afetar seu eleitorado. "Cada um vai ser avaliado pelo que fez, mas tenho certeza de que se o atual governo tivesse mais firmeza estaria melhor na pesquisa", acredita. "É preciso que o governo mantenha o comando nas secretarias, cobre metas, não pode deixar cada um fazer o que quer."

O deputado Chico Vigilante desqualifica o levantamento. "Não acredito em pesquisas que podem ser facilmente manipuladas, mesmo com a minha boa colocação", argumenta. Para Vigilante, o que garante o seu posicionamento junto ao eleitorado é o trabalho próximo à comunidade, voltado para questões sociais. "O distrital tem que se dedicar de forma permanente." O instituto O&P Brasil entrevistou 900 pessoas de 4 a 7 de novembro, sendo a margem de erro da pesquisa de 3,3%.

Menos populares

Em último lugar no levantamento está o distrital Evandro Garla (PRB). O parlamentar só foi citado por 0,3% dos entrevistados. Ele é acompanhado por Rejane Pitanga (PT), com 0,4%, e Washington Mesquita (PSD), 0,5%, nas últimas colocações. Todos são marinheiros de primeira viagem na Câmara Legislativa.

Garla foi eleito pela coligação PRB-PTB. Se a Proposta de Emenda à Constituição 40 – que proíbe coligações nas eleições proporcionais para vereador e deputados estadual, distrital e federal e já foi aprovada na Comissão de Constituição e Justiça do Senado – estivesse valendo, ele seria um dos que estariam fora da Casa. Seu partido não teria atingido o quociente eleitoral e, assim, não contaria com representantes no Legislativo local. O deputado não retornou o pedido do Brasília_247 para comentar sua posição na pesquisa.

Já a 23ª colocada, Rejane Pitanga, encara a posição com tranquilidade. "Acredito que isso tenha muito a ver com o fato de as pessoas ainda não me conhecerem, mas estou trabalhando muito e certa de que a tendência é melhorar." Sexto deputado mais bem votado nas eleições, Washington Mesquita (PSD) também não se preocupa em ocupar o 22º lugar da pesquisa. "Trabalho de segunda a segunda, estou fazendo um bom mandato e minha consciência permanece tranquila", diz. Eleito pelo PSDB, Mesquita teve 21.111 votos em 2010. Na pesquisa da O&P, 40,6% dos brasilienses responderam "nenhum" quando questionados sobre qual o melhor distrital na Câmara.

RANKING

Chico Leite (PT) – 7.2%

Eliana Pedrosa (PSD) – 5.4%

Patrício (PT) – 4.2%

Chico Vigilante (PT) – 4.1%

Cristiano Araújo (PTB) – 3.3%

Cláudio Abrantes (PPS) – 3.0%

Olair Francisco (PTdoB) – 2.7%

Dr Michel (PSL) – 2.7%

Raad Massouh (DEM) – 2.4%

Wasny de Roure (PT) – 2.2%

Liliane Roriz (PSD) – 2.0%

Rôney Nemer (PMDB) – 1.3%

Benício Tavares (PMDB) – 1.3%

Prof.Israel Batista (PDT) – 1.2%

Benedito Domingos (PP) – 1.2%

Celina Leão (PSD) – 1.1%

Agaciel Maia (PTC) – 1.0%

Wellington Luiz (PPL) – 0,7%

Luzia de Paula (PPS) – 0,6%

Joe Valle (PSB) – 0,6%

Aylton Gomes (PR) – 0,6%

Washington Mesquita (PSD) – 0,5%

Rejane Pitanga (PT) – 0,4%

Evandro Garla (PRB) – 0,3%

Nenhum – 40.6%

Não sabem/Não responderam – 8.8%

Fonte: O&P Brasil

Patrício nega recurso contra decisão de arquivar impeachment

O deputado Patrício, em consonância com o Regimento Interno da Câmara Legislativa do Distrito Federal, recusou pedido de quatro colegas parlamentares questionando o arquivamento dos processos de impeachment do governador Agnelo Queiroz.

O deputado Patrício, em consonância com o Regimento Interno da Câmara Legislativa do Distrito Federal, recusou pedido de quatro colegas parlamentares questionando o arquivamento dos processos de impeachment do governador Agnelo Queiroz. Conforme prevê o Regimento Interno da Câmara e a Lei Federal 1.079/50, não existe a possibilidade de recurso contra a decisão do presidente da Casa, seja pela Mesa Diretora ou pelo Plenário.

Para Patrício, os pedidos de impeachment na CL não têm base regimental. "A Presidência da Câmara Legislativa e a Mesa Diretora prezam pela transparência e pela lisura de todos os seus atos e assim vão continuar agindo. O discurso político de alguns colegas é natural nesse momento. Mas estou bastante tranquilo com relação às minhas ações. Na época da Caixa de Pandora, arquivei 18 pedidos de impeachment contra o então governador. Um deles, inclusive, era do meu partido, o PT. Nunca cedi às pressões de nenhum partido ou deputado e não vai ser agora que vou ceder. Não vou fazer nada de forma açodada", discursou.

Patrício ressaltou que o assunto tem entendimento pacificado pelo Supremo Tribunal Federal (STF): "Recebimento de denúncia não é ato de protocolo. Entendimento é de que cabe ao presidente inclusive verificar a inépcia e a patente falta de justa causa", disse o ministro Carlos Veloso. Outro ministro, Paulo Brossard, complementou: "À semelhança do juiz que pode rejeitar uma denúncia, o presidente da Câmara também pode". O Supremo diz, ainda, que o presidente tem autoridade inerente à própria investidura, tendo o dever de cumprir a Constituição Federal, as leis e o Regimento da Casa.

Criação da procuradoria da Mulher tem apoio de Patrício

O deputado Patrício recebeu, na Presidência da Câmara Legislativa, no final da manhã desta segunda-feira (28), a deputada federal Elcione Barbalho (PMDB-PA), procuradora especial da Mulher na Câmara dos Deputados.

O deputado Patrício recebeu, na Presidência da Câmara Legislativa, no final da manhã desta segunda-feira (28), a deputada federal Elcione Barbalho (PMDB-PA), procuradora especial da Mulher na Câmara dos Deputados. Patrício prometeu colocar na Ordem do Dia desta semana Projeto de Resolução da deputada Rejane Pitanga (PT) que cria a Procuradoria Especial da Mulher na estrutura da Câmara Legislativa.

A proposição que tem o apoio da bancada feminina da Casa. A ideia é começar o ano de 2012 já com o suporte desse instrumento, como forma de agilizar mecanismos para recebimento, exame e encaminhamento de denúncias de violência e discriminação contra a mulher, além de fiscalizar e acompanhar a execução de políticas e programas do Distrito Federal voltadas para a promoção da igualdade de gênero.

Segundo o projeto, a Procuradoria Especial da Mulher seráconstituída de uma procuradora especial e duas procuradoras adjuntas, designadas pelo presidente da Câmara Legislativa a cada dois anos. Além do processamento e encaminhamento de denúncias, a Procuradoria terá como missão cooperar com organismos distritais e nacionais, públicos e privados, dedicados à implementação de políticas para as mulheres, e promover pesquisas e estudos sobre o tema.

Com informações da Coordenadoria de Comunicação Social da CLDF

Gestão de Patrício na CLDF bate recorde e economiza R$ 110 milhões

Em 20 anos de existência da Câmara Legislativa do Distrito Federal, nunca um presidente conseguiu economizar tanto quanto o deputado Patrício. Ao todo, foram poupados dos cofres públicos R$ 110 milhões, que foram arrecadados dos contribuintes.

Em 20 anos de existência da Câmara Legislativa do Distrito Federal, nunca um presidente conseguiu economizar tanto quanto o deputado Patrício. Ao todo, foram poupados dos cofres públicos R$ 110 milhões, que foram arrecadados dos contribuintes. Esse valor economizado ao longo de 2011 é fruto de uma gestão transparente e austera, que reduziu gastos em vários setores da Casa. Toda essa economia levou o Poder Legislativo a destinar R$ 80 milhões para ajudar o governo a fazer o pagamento da folha de servidores do GDF.

06

Na edição do Jornal de Brasília desta quarta-feira (23), uma reportagem traz em destaque a redução recorde de economia na gestão do deputado Patrício. Leia abaixo a matéria:

Jornal de Brasília

Economia de R$ 110 milhões

Do valor poupado pela Casa este ano, R$ 80 milhões vão para os cofres do GDF

Leandro Kleber

A Câmara Legislativa do DF economizou R$ 110 milhões em 2011 e deve destinar, hoje, R$ 80 milhões para ajudar o governo Agnelo Queiroz a fazer o pagamento da folha de servidores do GDF. O valor, segundo o presidente da Casa, Patrício (PT), foi economizado ao longo de 2011 em vários setores, incluindo redução de valores de licitações e de gastos com pessoal – ele afirma que foram demitidos 600 funcionários da estrutura em janeiro.

Todo ano o Legislativo repassa parte da verba não usada ao GDF. Só que agora, de acordo com o petista, foi a primeira vez que a Câmara tomou a iniciativa de destinar os recursos antes que o governo "cobrasse" da Casa. "Nós economizados, no total, R$ 110 milhões. Mas deixamos os R$ 30 milhões de diferença para serem usados em caso de necessidade, como recentemente, que compramos novos computadores", explica Patrício.

Dos R$ 349 milhões orçados para a Câmara em 2011, R$ 143 milhões (41%) foram desembolsados até agosto, último dado disponível. No mesmo período do ano passado, a Casa já tinha gasto R$ 155 milhões dos R$ 336 milhões autorizados no Orçamento – ou seja, 46% do total previsto.

Patrício diz que o corte de despesas não agradou a alguns deputados de primeiro mandato, que ficaram dois meses sem poder fazer novas contratações para o gabinete. "Em janeiro e fevereiro deste ano, os distritais eleitos em 2010 tiveram de usar servidores remanejados para trabalhar em seus gabinetes. Só houve contratação no fim de fevereiro".

De acordo com Patrício, outras medidas adotadas pela Casa possibilitaram a redução das despesas. Entre elas tornar obrigatório que o executor do contrato seja um servidor de carreira da Câmara – o que, segundo ele, deixa a gestão mais responsável – e solicitar que cada setor da Câmara fizesse um levantamento a respeito de eventuais cortes que poderiam sofrer.

ACORDO COM GDF

O acordo que possibilitou a transferência de recurso do Legislativo para o Governo DF foi acertado com o secretário de Planejamento, Edson Nascimento, no dia 11 de outubro, em visita ao presidente da Câmara.

Na época, Patrício se colocou à disposição do governo para colaborar na redução dos gastos do Executivo. "Falta uma maior austeridade nos gastos do Executivo em relação à Lei de Responsabilidade Fiscal (LRF) e vamos colaborar com o que for preciso". disse.

Patrício lembra que o Buriti ainda tem muitos pagamentos de pessoal para realizar este ano. "Só com a Polícia Militar, por exemplo, ainda faltam R$ 100 milhões para serem pagos. Este dinheiro que estamos repassando ao GDF é para ajudar com aquilo que falta para gastos de pessoal, em todas as áreas", afirmou.

Nos últimos anos, o Governo do DF solicitou à Câmara Legislativa e ao Tribunal de Contas do Distrito Federal (TCDF) a cessão de parte dos orçamentos do Poder Legislativo para custear despesas no fim do exercício, como forma de complementar a folha de pagamento de servidores.

Em 2010, a Câmara Legislativa destinou R$ 57 milhões ao Palácio do Buriti, comandado, à época, por Rogério Rosso (PSD). A verba teria sido repassada depois que o governador pediu o auxílio.

MESMO ORÇAMENTO

O orçamento total da Câmara Legislativa para 2012, que será aprovado na Lei Orçamentária Anual (LOA) até o dia 15 de dezembro, não terá aumento em relação ao valor previsto para 2011. Isso é o que garantiu Patrício. "A ideia era aumentar o orçamento em 2% ou 3%. Mas isso não vai acontecer. Nós já reajustamos os salários dos servidores da Casa e não haverá aumento em 2012", afirma o petista.

Como o orçamento global da Câmara é destinado, majoritariamente, à folha de pagamento, se não ocorrer aumento de salário, o montante global também não sofre impacto significativo. Dos R$ 349 milhões previstos para a Casa neste ano, R$ 251 milhões são vinculados a esse grupo de despesas, o que representa 72% do total autorizado para 2011.

O restante é dividido entre investimentos (obras e compra de equipamentos) – R$ 6 milhões no total – e gastos com informática, manutenção de serviços administrativos gerais e concessão de benefícios a servidores, que somam R$ 91 milhões.

LRF

A Câmara Legislativa e o Tribunal de Contas do DF, que formam o Legislativo, estão submetidos à Lei de Responsabilidade Fiscal (LRF), que impõe limites de despesas à administração pública. Baseado na lei, Patrício afirma que a Casa apresenta, neste ano, o menor percentual de gastos com pessoal da história, desde a criação da lei em 2000.

"Os dados comprovam o nosso compromisso de uma gestão austera e transparente. Com um trabalho intenso de redução de gastos, conquistamos, pela primeira vez, o menor índice desde que a LRF entrou em vigor. Estamos dando à população do DF respostas transparentes e eficazes sobre o trabalho do Poder Legislativo", acredita. (LK)

Câmara faz economia de gastos e repassa R$ 80,2 milhões ao GDF

A Câmara Legislativa, na gestão do deputado Patrício, economizou ao longo de 2011 cerca de R$ 110 milhões. Desse total, R$ 80,2 milhões serão transferidos à Secretaria de Planejamento e Orçamento do GDF e ajudarão o Poder Executivo a pagar seus servidores.

A Câmara Legislativa, na gestão do deputado Patrício, economizou ao longo de 2011 cerca de R$ 110 milhões. Desse total, R$ 80,2 milhões serão transferidos à Secretaria de Planejamento e Orçamento do GDF e ajudarão o Poder Executivo a pagar seus servidores. O Ato da Mesa Diretora nº 124/2011, publicado no Diário da Câmara Legislativa desta quarta-feira (23), traz um quadro com detalhes da economia de recursos da Casa a serem repassados ao GDF.

De acordo com o presidente da Câmara Legislativa, deputado Patrício (PT), o valor economizado pela Casa no decorrer deste ano é fruto de uma gestão transparente e austera. A nova forma de administrar o Legislativo local, partindo do planejamento e da responsabilidade no trato com os recursos públicos, segundo Patrício, impôs cortes de gastos em vários setores da Casa, com destaque para redução de valores de licitações e economia de gastos com pessoal e encargos.

O presidente da Câmara observa ainda que todo ano o Legislativo transfere ao GDF parte dos recursos orçamentários não executados ao longo do ano. Esta, porém, foi a primeira vez em que a Casa tomou a iniciativa de transferir os recursos economizados antes da solicitação oficial do Executivo. "Em 2011 economizamos um total de R$ 110 milhões. Deste total reservamos R$ 30 milhões para serem utilizados até o final do ano em caso de necessidade, como por exemplo, a aquisição de novos computadores que ocorreu recentemente", acrescentou.

Nos últimos anos, o GDF vem solicitando ao Poder Legislativo (Câmara Legislativa e Tribunal de Contas) a transferência de parte do seu orçamento para ajudar no custeio de despesas no fim do exercício financeiro e orçamentário do Executivo, quando são crescentes as despesas com a folha de pagamento dos servidores. Para se ter uma ideia, a CLDF destinou, em 2010, cerca de R$ 57 milhões do orçamento da Casa ao Executivo, que tinha como titular o governador Rogério Rosso. Esses recursos foram transferidos após pedido oficial de ajuda por parte do GDF.

A transferência antecipada de recursos do Legislativo para o GDF neste ano foi possível graças a um acordo acertado com o secretário de Planejamento, Edson Nascimento, que visitou o presidente da Câmara Legislativa no último dia 11 de novembro. Na ocasião, o presidente da Câmara se colocou à disposição do Executivo para colaborar no que fosse preciso no tocante à redução de gastos do governo. Aproveitou para sugerir maior austeridade quanto à execução orçamentária do GDF, tendo em vista os limites impostos pela Lei de Responsabilidade Fiscal (LRF).

Economia - Patrício informa, ainda, que dos R$ 349 milhões incluídos no orçamento da CLDF para 2011, cerca de R$ 143 milhões, ou seja, 41% do total, foram executados até agosto último. No mesmo período do ano passado, a Câmara já havia gasto R$ 155 milhões dos R$ 336 milhões previstos no seu orçamento, o que representa 46% do total.

O presidente da Câmara Legislativa garante que o orçamento da Casa para 2012, que deverá ser apreciado e votado em plenário até o próximo dia 15 de dezembro, não deverá ser reajustado em relação ao valor previsto para 2011. Inicialmente, segundo ele, planejava-se reajustar o orçamento do Legislativo em 2% ou 3%, mas dentro da nova filosofia de administração da Câmara, concluiu-se que o mesmo volume de recursos orçamentários será suficiente para fazer frente às despesas da Casa.

Lembrou que este ano já houve reajuste dos servidores da Câmara, impacto que não recairá sobre o orçamento do próximo ano. Dos R$ 349 milhões previstos no orçamento da CLDF para este ano, R$ 251 milhões são destinados aos gastos com a folha de pessoal, o que representa 72% do total. O montante restante é dividido entre investimentos, cerca de R$ 6 milhões do total, e gastos com manutenção de serviços adminstrativos gerais, concessão de benefícios a servidores e gastos com informática, que perfazem juntos aproximadamente R$ 91 milhões.

Fonte: Coordenadoria de Comunicação Social da CLDF

Lei de Patrício é destaque em jornal

A lei do deputado Patrício, que determina a obrigatoriedade de fixação de placas informativas às margens do Lago Paranoá, foi tema de uma matéria publicada no Jornal Alô Brasília, na última terça-feira (29). Confira a reportagem.

A lei do deputado Patrício, que determina a obrigatoriedade de fixação de placas informativas às margens do Lago Paranoá, foi tema de uma matéria publicada no Jornal Alô Brasília, na última terça-feira (29). Confira abaixo a reportagem:

Jornal Alô Brasília

Placas informativas podem salvar vidas

Lei que obriga fixação de alertas não é cumprida pelo GDF

Patrício
Lorena Pacheco

Evan do Carmo

Lei que obriga a fixação de placas informativas às margens do Lago Paranoá não saiu do papel. Projeto de Lei foi sancionado em agosto, prazo de regulamentação já venceu e até agora nenhuma ação foi tomada no sentido de cumprir a norma. Prazo de instalação foi determinado para o ano que vem.

A lei nº 4.620/2011, sancionada no dia 23 de agosto, entrou em vigor no mesmo dia, mas não está sendo cumprida. A norma obriga "a fixação de placas às margens do Lago Paranoá, contendo informações sobre profundidade, distância entre as margens, telefone de grupos de salvamento e advertências relativas à segurança dos banhistas". No texto consta que o Executivo deveria regulamentar a lei em 90 dias, prazo que venceu no último dia 21.

Segundo a secretaria de Meio Ambiente, órgão responsável pela regulamentação, uma série de estudos devem ser feitos, por órgãos como o Corpo de Bombeiros, Marinha, Adasa, Caesb, Ibram, Semarh e outros. A nota da secretaria afirma que estes órgãos já se reúnem desde o início de novembro em um Grupo de Trabalho, coordenados pela Secretaria de Governo.

A secretaria de Meio Ambiente informa ainda que que o GT atualmente discute um Plano de Gerenciamento do Lago Paranoá, que inclui a parte de segurança do local.

A colocação das placas informativas no lago também estão sendo conversada. A nota da secretaria termina esclarecendo que a elaboração da regulamentação está sendo desenvolvida e deve entrar em vigor em breve e, finalmente, que a colocação das placas está prevista para o próximo ano.

Bombeiros – O Capitão Luis Cláudio da Fonseca Franco, Comandante da Companhia de Salvamento Aquático do Corpo de Bombeiros Militar do DF, disse que a corporação enviou um parecer ao GDF antes

66

da sanção da lei. "Apoiamos totalmente esta iniciativa do deputado Patrício. Vai facilitar muito o nosso trabalho e ajudar a preservar vidas", comentou. O representante disse ainda que vai sugerir que a ideia seja ampliada para o Projeto Orla.

O presidente da Câmara Legislativa e autor do projeto que originou a lei, deputado Patrício, informou que o objetivo da lei é prestar à população do DF informações precisas para a segurança nos arredores de todo o lago.

Quanto ao atraso na regulamentação, o parlamentar disse que está certo que irá acontecer logo. "O GDF já me deu garantias de que irá cumprir a lei na íntegra, dentro de todo um plano definitivo de ações para o Lago", afirmou.

Segundo Patrício, o Legislativo vem cumprindo a sua função e propondo projetos que irão contribuir no atendimento das demandas da população pelo GDF. "A instalação das placas vai ajudar o governo a prevenir acidentes graves que têm ocorrido no nosso Lago", conclui.

02 de Dezembro de 2011

Saiu a promoção de 705 bombeiros militares

Dezembro começa com uma boa notícia para 705 bombeiros militares. No último dia 29 de novembro foi publicado no Boletim Geral nº 224, a portaria que promoveu, pelo critério de Antiguidade os militares. Veja a lista.

Dezembro começa com uma boa notícia para 679 bombeiros militares. No último dia 29 de novembro foi publicado no Boletim Geral nº 224, a portaria que promoveu, pelo critério de Antiguidade, 36 a subtenente, 85 a primeiro-sargento, 283 a segundo-sargento e 298 a terceiro-sargento a três a cabo.

Deputados Distritais aprovam importantes projetos na CLDF

Na tarde de terça-feira (13), o deputado Patrício presidiu as votações no plenário da Câmara Legislativa que aprovaram 10 importantes projetos de lei para os cidadãos do Distrito Federal.

Na tarde de terça-feira (13), o deputado Patrício presidiu as votações no plenário da Câmara Legislativa que aprovaram 10 importantes projetos de lei para os cidadãos do Distrito Federal. Entre eles está o Projeto de Lei n° 588/2011, de autoria do Poder Executivo, que estabelece a gestão democrática nas escolas públicas do Distrito Federal. Pelo projeto, a comunidade passa a participar da escolha dos diretores a partir de critérios que visam impedir a prática de indicações políticas para a direção.

Outra proposição aprovada foi o chamado "IPVA Zero". O projeto de lei n° 652/2011, prevê a isenção do pagamento do IPVA do primeiro ano dos carros novos, com emplacamento do DF. Também por unanimidade, os deputados aprovaram o projeto de lei que prorroga até 31 de dezembro de 2015 o prazo de vigência de alguns benefícios fiscais, entre eles a isenção do Imposto Predial e Territorial Urbano (IPTU) para aposentados e deficientes físicos.

Além disso, também foram aprovados outros quatro projetos de lei do Executivo que garantem créditos suplementares para o GDF na ordem de R$ 214 milhões. Os agentes da Fundação Nacional de Saúde (Funasa), que acompanharam de perto as votações, presenciaram a aprovação do o projeto de lei nº 680/2011, que garante aos agentes cedidos ao GDF, reajuste de suas gratificações.

Todos os projetos agora seguem para sanção ou veto do governador Agnelo Queiroz.

Justiça derruba alta patente concedidas a 91 PMs da gestão Rosso

TJDFT cassa liminar que amparava a promoção de policiais militares pelo ex-governador Rogério Rosso aos cargos de tenente-coronel e coronel. Eles podem ter de devolver o dinheiro recebido desde a promoção, concedida no fim do ano passado.

TJDFT cassa liminar que amparava a promoção de policiais militares pelo ex-governador Rogério Rosso aos cargos de tenente-coronel e coronel. Eles podem ter de devolver o dinheiro recebido desde a promoção, concedida no fim do ano passado

Um exagero de promoções concedidas a oficiais militares na gestão do ex-governador Rogério Rosso (PSD) vai resultar em uma situação inusitada. Para cumprir determinação judicial, o governo terá de rebaixar 91 oficiais que tiveram a patente aumentada por força de um mandado de segurança agora sem validade. Em 8 de novembro, o Conselho Especial do Tribunal de Justiça do Distrito Federal e Territórios (TJDFT) revogou a liminar concedida em dezembro de 2010 que amparou a ascensão dos militares.

Pela Lei Federal nº12.086, de 2009, as promoções na carreira militar devem obedecer a critérios não apenas de antiguidade e de merecimento. Há um teto na quantidade de oficiais divididos em suas várias patentes. Ou seja, para subir na carreira militar é preciso ter mérito e vaga. Hoje, a PM tem um efetivo de 15.432 homens. De acordo com a legislação, pode até chegar a 18.673 postos desde que a corporação tenha orçamento para pagar os oficiais. O que não está permitido é extrapolar a quantidade de patentes calculadas sobre o total de homens na ativa. Assim, o máximo de coronéis permitidos na

corporação são 39. Coronel é o topo da carreira militar. Logo abaixo estão os tenentes-coronéis, que poderiam somar até 79 no DF.

No início de janeiro, quando Agnelo Queiroz assumiu o governo, havia um total de 209 oficiais superiores, entre coronéis e tenentes-coronéis, número bem acima do limite legal. Em vez de 39 coronéis eram 64 e outros 145 tenentes-coronéis, um excedente de 91 homens nas patentes mais elevadas da PM. Várias ascensões ocorreram no apagar das luzes de 2010. O edição do Diário Oficial do DF de 28 de dezembro registra a promoção por antiguidade de 58 oficiais superiores (coronel, tenente-coronel e major). Dessas, 35 foram concedidas aos chamados oficiais agregados. A iniciativa beneficiou aliados de Rosso enquanto governador, mas, com a decisão do TJDFT, não encontra mais respaldo legal.

Agregrados
Oficial agregado é como são identificados, no jargão militar, os oficiais que foram tirados das funções restritas à corporação para cumprir missão no governo. Ou seja, são policiais em suas mais variadas patentes que passam a ocupar cargos de confiança no organograma do GDF. A movimentação deles é legal, está prevista não apenas na Lei n° 12.086, como também no Decreto n° 88.777.

Para efeito da contagem de promoções dos militares, quem permanece na corporação sem ocupar cargo no Executivo ou no Legislativo é tratado como numerado. Assim, quando algum militar é destacado para o governo deixa de ser numerado, passa e a ser agregado e o efeito prático disso é que se abrem vagas para a promoção dos numerados. Os agregados não perdem a chance de serem também contemplados com patentes mais altas, mas ficam na condição de exceção, chamados, justamente por isso, de excedentes.

Ao encaixar dezenas de oficiais no organograma do governo, a administração Rosso abriu assim uma brecha para promover vários militares que aguardavam a vez para se tornarem majores, tenentes-coronéis e coronéis. A medida foi recriminada pelo Tribunal de Contas

105

do Distrito Federal, que, em 14 de dezembro do ano passado, tomou a decisão de "determinar ao Distrito Federal e à corporação que se abstenham de efetivar novas promoções de militares, com respaldo no instituto da agregação, ou em decorrência desta, até a apuração dos fatos e ulterior manifestação do Tribunal".

Foi então que a Procuradoria do Distrito Federal, em 23 de dezembro, entrou com um mandado de segurança para neutralizar os efeitos da decisão do TCDF. Um dos argumentos da Procuradoria, à época, foi de que a Corte tomou a decisão amparada em denúncia anônima e que o Estado poderia apurar "com cautela e sem por em risco direitos de terceiros, como investigados, e, na hipótese, dos servidores militares que serão promovidos". A ação dos advogados do Distrito Federal foi acatada por força de uma liminar assinada pelo desembargador Dácio Vieira, em 22 de dezembro. "Não havendo, ademais, pronunciamento judicial quanto a cogitada ilegalidade ou inconstitucionalidade acerca do instituto da agregação, tudo a configurar a iminência de graves prejuízos à ordem administrativa da Corporação Militar em tela, caso não tenha curso a cerimônia de promoção já designada para o próximo dia 26 do corrente mês", disse o desembargador em sua decisão.

Salários de volta
Quase um ano depois, no entanto, a liminar de Dácio caiu por força de uma decisão colegiada do Tribunal de Justiça. E, nesta semana, o Tribunal de Contas do DF reforçou a medida do TJDFT ao conceder a medida cautelar 'inaudita altera pars" no sentido de determinar ao DF e à corporação, novamente, que se abstenha de efetivar novas promoções de militares.
Os desdobramentos jurídicos do caso terão repercussão prática para policiais militares. O chefe da Casa Militar, coronel Leão, tem uma reunião hoje com o procurador-geral do DF, Rogério Leite Chaves, com quem vai discutir as alternativas para resolver o problema da farra das promoções. Uma das alternativas é rebaixar a patente dos oficiais que foram promovidos com amparo na liminar cassada pelo TJDFT. Se isso ocorrer, os policiais podem, inclusive, ter de devolver salários.

Patrício   Evan do Carmo

Ao longo dos últimos meses, a Casa Civil aposentou 22 coronéis e dois tenentes-coronéis na tentativa de diminuir a diferença entre o que a legislação permite e a quantidade de oficiais superiores. "O GDF se pautará nas determinações judiciais, sejam do TJDFT ou do TCDF, bem como em preceitos legais que regem as promoções nas corporações militares. O que se fez foi um desmando da administração anterior prejudicando, sobremaneira, as estruturas militares do DF", atacou Leão. Na sala do coronel há uma peregrinação diária de militares que até reúnem tempo de farda para serem promovidos, mas em função do excesso em 2010 vão ter de esperar mais.

Fonte: Correio Braziliense - 16/12/2011

Patrício preside sessão de encerramento das atividades plenárias

O deputado Patrício presidiu na última quinta-feira (15), a sessão de encerramento das atividades plenárias de 2011 na Câmara Legislativa. Próximo das 2h da madrugada desta sexta-feira (16), os deputados aprovaram a Lei Orçamentária Anual (LOA).

O deputado Patrício presidiu na última quinta-feira (15), a sessão de encerramento das atividades plenárias de 2011 na Câmara Legislativa. Próximo das 2h da madrugada desta sexta-feira (16), os deputados aprovaram em segundo turno e com redação final o projeto de lei nº 552/2011, de autoria do Poder Executivo, que estima em R$ 18,3 bilhões a receita do DF para o próximo ano. Com a aprovação da Lei Orçamentária Anual (LOA) para 2012, o Legislativo entra em recesso, conforme determina a Lei Orgânica do Distrito Federal, retornado a suas atividades no dia 1° de fevereiro.

A LOA prevê as receitas e fixa as despesas públicas para um exercício financeiro. Ela deve ser compatível com o Plano Plurianual (PPA) e com a Lei de Diretrizes Orçamentárias (LDO), devendo ser composta pelo orçamento fiscal, de investimento e de seguridade social. Dos 18,3 bilhões previstos para 2012, 12,4% serão destinados à saúde, 19,7% para educação, 8,7% para obras, 6,3% para transportes, 6,7% para programas sociais e 1,7% da receita será investido em segurança pública. Além das receitas locais, o Distrito Federal conta com R$ 10 bilhões do Fundo Constitucional do DF, destinados exclusivamente à segurança, educação e saúde, o que totaliza 28,3 bilhões.

Durante a tramitação do PL nº 552/2011 na Comissão de Economia, Orçamento e Finanças (CEOF), os deputados distritais apresentaram 801 emendas parlamentares. As alterações na LOA realocaram R$ 288 milhões, visto que cada distrital teve o direito de apresentar até 48 sugestões no valor total de R$ 12 milhões.

Ao fechar as atividades legislativas, o presidente da Casa, deputado Patrício, disse que o ano foi de grande produtividade, tendo sido aprovados diversos projetos, tanto de parlamentares como do Executivo. "Ano que vem vamos continuar apreciando todos os projetos nas comissões permanentes, o que fortalece a atuação parlamentar e evita a aprovação de propostas inconstitucionais", observou Patrício.

Recesso - De 23 de dezembro a 1º de janeiro a Câmara Legislativa estará fechada. No restante do primeiro mês de 2012 a Casa funcionará com horário restrito, das 13h às 19h.

Com informações da Coordenadoria de Comunicação Social.

16 de Dezembro de 2011

Patrício na mídia: Coluna do Alto da Torre do Jornal de Brasília

Leia a nota publicada pelo jornalista Eduardo Brito na Coluna Do Alto da Torre no Jornal de Brasília deste domingo (18).

AS ADMINISTRAÇÕES QUE IRRITAM

O presidente da Câmara Legislativa, deputado Patrício (foto), anda irritadíssimo com a gestão do Distrito Federal. Sua impaciência é ainda maior com as administrações regionais. Descobriu que a maior parte delas simplesmente não conseguiu gastar o dinheiro que tem disponível para obras e serviços. É o caso da Administração do Gama, que tinha um orçamento de R$ 6 milhões e gastou pouco mais de R$ 2 milhões.

VERBAS FEDERAIS SE PERDEM

Patrício resolveu investigar as dimensões do problema. Constatou que é ainda mais amplo do que parece. Uma dotação federal de R$ 19 milhões, proveniente do Ministério do Trabalho, será devolvida até o final do ano. O GDF simplesmente não conseguiu desenvolver o

Patrício   Evan do Carmo

programa que aplicaria
os recursos.

Fonte: Jornal de Brasília - 18/12/2011

Patrício na mídia: Veja a entrevista no Jornal de Brasília

O caderno Política e Poder do Jornal de Brasília desta terça-feira (20), traz uma entrevista exclusiva com o deputado Patrício. Confira a íntegra.

O caderno Política e Poder do Jornal de Brasília desta terça-feira (20), traz uma entrevista exclusiva com o deputado Patrício.

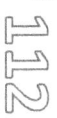

Câmara Legislativa teve ano positivo, diz deputado Patrício

O primeiro ano da atual legislatura da Câmara Legislativa do Distrito Federal foi positivo e marcado por um maior controle de gastos. É o que garante o presidente da Casa, deputado Patrício.

O primeiro ano da atual legislatura da Câmara Legislativa do Distrito Federal foi positivo e marcado por um maior controle de gastos - sobretudo com pessoal e encargos sociais -, além de ajustes no processo legislativo, com a reserva de maior tempo para debates e para a busca de consenso entre os distritais. É o que garante o presidente da Casa, deputado Patrício.

Ao fechar as atividades legislativas de 2011, Patrício disse que o ano foi de grande produtividade, com a aprovação de centenas de projetos, tanto de parlamentares como do Executivo. "Ano que vem vamos continuar apreciando todos os projetos nas comissões permanentes, o que fortalece a atuação parlamentar e evita a aprovação de propostas inconstitucionais", observou. Ele ressaltou que o bom desempenho é fruto de uma gestão "transparente e austera", partindo do planejamento e da responsabilidade no trato com os recursos públicos.

Segundo Patrício, os dados demonstram que a Câmara teve um ano produtivo em termos de votações e realizações de atividades legislativas. Desde o início desta legislatura até 15 de dezembro, foram apreciadas e votadas 727 proposições, 141 delas de autoria do Poder Executivo. Foram 269 projetos de lei, 12 projetos de lei complementar, uma proposta de Emenda à Lei Orgânica do DF; nove projetos de resolução, 47 projetos de decreto legislativo, 169

requerimentos e 220 moções. Os números constam do relatório elaborado nesta sexta-feira (16) pela Assessoria de Plenário da Casa e não incluem as centenas de indicações aprovadas pelas comissões permanentes, que não passam pelo plenário.

No período de 1º de fevereiro a 15 de dezembro deste ano a CLDF realizou um total de 319 sessões plenárias, sendo 116 ordinárias, 49 extraordinárias, 153 solenes, sem contar com a sessão de posse dos deputados, com grade participação da população. Além das sessões plenárias, a Câmara realizou ainda 17 comissões gerais para debater assuntos de interesse da população do DF e 93 audiências públicas sobre os mais variados temas. Segundo o último levantamento feito pela Terceira Secretaria da Câmara, foram realizados também 12 seminários no período.

Transparência - Patrício ressalta que a implantação de um novo modelo de gestão foi a marca dos trabalhos do Legislativo em 2011. Como resultado dessa gestão, a Câmara Legislativa economizou cerca de R$ 110 milhões no ano. Desse total, R$ 80,2 milhões foram transferidos à Secretaria de Planejamento e Orçamento do GDF e ajudarão o Poder Executivo a pagar seus servidores. Isso só foi possível, segundo ele, graças a cortes e reduções de despesas em vários setores da Casa.

O presidente da Câmara informou que de janeiro a setembro de 2011 as despesas liquidadas da Casa alcançaram R$ 160,6 milhões, o que representa uma redução de 9,5% (cerca de R$ 16,8 milhões) em relação ao mesmo período de 2010, quando o volume de despesas atingiu R$ 177,4 milhões. Ele acrescenta que a redução das despesas da CLDF deve-se, principalmente, à queda no volume de gastos da Casa com pessoal e encargos sociais.

As exonerações de servidores de livre provimento em gabinetes parlamentares e em parte da estrutura administrativa, ocorridas nos primeiros meses de 2011, desonerou a folha de pagamento da Câmara. Segundo Patrício, as exonerações proporcionaram uma

economia de aproximadamente R$ 7 milhões, o que foi determinante para a queda progressiva da participação das despesas com pessoal da CLDF sobre a receita corrente líquida, conforme observado nos últimos relatórios de gestão fiscal da Casa.

"Esse bom resultado, consequentemente, possibilitou a reposição de parte das perdas inflacionárias aos salários dos servidores da Câmara Legislativa, gerando impacto de 5% sobre os vencimentos dos cargos efetivos e a remuneração dos cargos em comissão, a partir de setembro último", destacou o Patrício.

Responsabilidade fiscal – A economia de gastos da Câmara Legislativa possibilitou, ainda, o ajuste da Casa aos limites impostos pela Lei de Responsabilidade Fiscal (LRF). De acordo com dados apurados em setembro, os gastos da CLDF com pessoal alcançaram no último quadrimestre, 1,44% da receita Corrente Líquida (RCL) do DF, o que representa o melhor resultado obtido pela Câmara desde a criação da LRF, em 2000.

Cultura – Patrício destaca também a busca por uma maior proximidade da Casa com a população por intermédio da cultura. Com apoio dos distritais, a Mesa Diretora decidiu abrir as portas da sede da CLDF para manifestações culturais, como a realização de exposições de artes, apresentações musicais e exibição dos filmes vencedores da edição deste ano do Troféu Câmara Legislativa do DF.

Ele lembra que em junho último a CLDF firmou acordo de cooperação técnica com a Câmara dos Deputados com o objetivo de propiciar intercâmbio técnico-científico, social, museológico, histórico, artístico e cultural entre as duas casas legislativas. Ele citou a exposição de quadros do artista plástico Vasconcellos, mineiro radicado na Dinamarca desde a década de 70, e um sarau em homenagem ao historiador, escritor e poeta Paulo Bertran, falecido em outubro de 2005, como resultados desse acordo. Bertran era especialista em História de Goiás e do Distrito Federal e foi um dos primeiros servidores da Câmara Legislativa. Em função de sua reconhecida importância, a biblioteca da Casa recebeu o nome do escritor.

Fonte: Coordenadoria de Comunicação Social

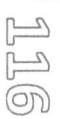

Correio Braziliense: Polícia Militar suspende 2,3 mil promoções

Decisão do GDF de congelar ascensão funcional de praças e oficiais revolta Policiais Militares. A medida foi tomada após decisão judicial, que obrigou a corporação a rebaixar 91 tenente-coronéis promovidos no fim do ano passado.

A Polícia Militar suspendeu a promoção de 2,1 mil praças prevista para ocorrer hoje. O reconhecimento por tempo de serviço e merecimento era esperado há mais de 20 anos por alguns policiais. A suspensão, que teria atingido também 200 oficiais, surpreendeu os militares, que não esperavam ser atingidos pela decisão do governo de congelar as promoções em função de supostas irregularidades na ascensão de oficiais que, em dezembro do ano passado, assumiram cargos de confiança na estrutura de governo.

Na ocasião, as promoções efetivadas pelo então governador Rogério Rosso foram contestadas pelo Tribunal de Contas do Distrito Federal. O órgão de fiscalização determinou que o Executivo e a Polícia Militar deixassem de efetivar novas promoções até "a apuração dos fatos e ulterior manifestação do Tribunal". A Procuradoria do DF entrou com um mandado de segurança para anular os efeitos da decisão, argumentando que o Estado poderia apurar "com cautela e sem pôr em risco direitos de terceiros, como investigados, e, na hipótese, dos servidores militares que serão promovidos".

O desembargador Dácio Vieira chegou a acatar os argumentos do GDF, mas, em 8 de novembro último, o Conselho Especial do Tribunal de Justiça do Distrito Federal e Territórios (TJDFT) revogou a liminar que amparava a ascensão dos militares (leia entenda o caso). Um cabo que preferiu não se identificar diz estar surpreso com as suspensões. "Não falaram nada. Foi um banho de água fria. Pela lei, com 20 anos de trabalho eu teria que ser segundo sargento", afirma. Com 21 anos de farda, o PM, que ganha hoje cerca de R$ 4,5 mil, teria mais R$ 1 mil no salário bruto. Ele lamenta a decisão e se diz desmotivado. "Eu adoro ser policial, mas na hora do êxito profissional, isso acontece. Eu vou precisar de um psicólogo para não ir para a rua e fazer uma besteira."

Um outro policial, que também preferiu o anonimato, afirma que essa decisão beneficia uma minoria. "A liminar que foi cassada não falava da suspensão dos praças. A nossa promoção depende só do Comando-Geral. Se eles quiserem, podem nos promover. Não tem impedimento jurídico nenhum", afirma. "Íamos comemorar o Natal e as promoções e, agora, nada."

Nova disputa
O Correio apurou que 821 cabos seriam promovidos a sargento; 682 terceiros-sargentos subiram ao posto de segundos-sargentos; 586 segundos-sargentos para primeiros-sargentos e 12 primeiros-sargentos passariam a subtenentes. Além dos praças, cerca de 200 oficiais também seriam recompensados, nenhum deles por agregação. Presidente da Associação dos Praças Policiais e Bombeiros do DF (Aspra), o sargento João de Deus disse que a medida é um prejuízo para a carreira do policial e um desestímulo ao servidor.

"A decisão judicial em vigor refere-se aos casos dos oficiais, mas respingou nos praças, que são pessoas da atividade fim que realmente trabalham na segurança pública", critica. A entidade não descarta entrar com ação na Justiça para garantir os direitos dos policiais. Mas, antes, vai tentar o diálogo com o governo e, se não avançar, convocará uma assembleia geral extraordinária em janeiro para que a categoria decida o que fazer.

Procurado, o Comando-Geral da Polícia Militar informou que o pedido de entrevista seria repassado para análise da assessoria jurídica, mas que só iria se pronunciar hoje. Também não confirmou quantos

118

militares seriam promovidos. Por meio da assessoria de imprensa, o secretário-chefe da Casa Militar do DF, coronel Rogério Leão, confirmou que a decisão tem relação direta com o imbróglio envolvendo as supostas promoções abusivas de oficiais, ocorridas no fim de 2010.

Na última sexta-feira, o governador Agnelo Queiroz já havia declarado que cumpriria a decisão judicial de 8 de novembro. O jurídico do governo passou a estudar a melhor forma de isso ocorrer. Em audiência com a presidente do Tribunal de Contas do DF, Marli Vinhadeli, na tarde da última sexta-feira, ficou acordado que as promoções na PM seriam suspensas até que se chegue a um consenso sobre o que será feito em relação aos processos sob suspeita.

No encontro, ficou acertado que, ainda esta semana, a PM entregaria ao TCDF a lista dos militares promovidos e as circunstâncias da agregação deles. O assunto só voltará a ser discutido no tribunal após 15 de janeiro, quando os servidores voltam do recesso.

Em entrevista ao Correio na última sexta-feira, o coronel Leão explicou que, até o momento, há dois caminhos possíveis: despromover os policiais agregados somente para ter o benefício ou rebaixar todos os que subiram de patente nos atos do então governador. Leão disse ainda que o Tribunal de Contas pode entender que causará menos prejuízos se mantiver o grupo e congelar as promoções até que eles se aposentem. Mas, por enquanto, a decisão não foi tomada.

Fonte: Correio Braziliense - 23/12/2011

Correio Braziliense: Entrevista - Deputado Patrício

Presidente da Câmara Legislativa garante que, como ocorreu este ano, mesmo com ampla maioria na Casa, o Buriti só conseguirá aprovar projetos depois que as propostas forem analisadas em todas as comissões, evitando problemas com a constitucionalidade das leis distritais.

Em sua segunda experiência como presidente da Câmara Legislativa do Distrito Federal, o deputado Patrício (PT) encerra 2011 fazendo uma avaliação positiva dos trabalhos da Casa. Ele destaca que um dos grandes avanços do ano foi a exigência feita pela Mesa Diretora de que os projetos de lei tramitassem por todas as comissões antes de serem enviados ao plenário para votação. De acordo com ele, essa mudança de cultura, que diminuiu o risco de inconstitucionalidade futura dos projetos — situação comum no DF —, levou a sérios embates com os colegas no primeiro semestre.O presidente entende que os deputados aprovaram projetos importantes ao longo do ano, tais como o Regime Democrático das Escolas, a regulamentação das feiras e o Regime Jurídico Único dos Servidores. "A Câmara, nesse primeiro ano, cumpriu o dever de casa, aprovando tanto em quantidade quanto em qualidade", afirmou. Na opinião de Patrício, apesar de o governo ter folgada maioria na Casa, os deputados mantiveram sua independência em 2011, tanto que se negaram a votar às pressas projetos amplos e que não teriam sido discutidos previamente, como o do Plano Diretor de Ordenamento Territorial (Pdot). "Eu sempre dizia que a Câmara não iria ser puxadinho do Buriti", afirmou. O Pdot, aliás, é um dos desafios que o deputado aponta para o próximo ano, bem como evitar que a Casa fique esvaziada em virtude das eleições municipais que ocorrerão em todas as cidades do Entorno, onde muitos distritais mantêm bases políticas.

Votação, só após debates

O que o senhor pode apontar de pontos positivos no trabalho da Câmara em 2011?

A Casa teve um desempenho positivo. Tivemos 30% a mais de projetos aprovados do que na legislatura anterior. Do total de 727 proposições, quase 279 são projetos de lei do Executivo e do Legislativo. A diferença é que nesta Legislatura a maioria dos projetos tramitou em todas as comissões. É uma cultura que a gente vem tentando mudar. Antigamente, os projetos chegavam direto do Executivo e iam a plenário. Com essa mudança de cultura, há um tempo maior de discussão. Nós tivemos um número maior de reuniões técnicas com membros do governo, tivemos audiências públicas e comissões gerais. Assim, todos os projetos chegaram ao plenário maturados. As discussões ficam mais qualificadas porque elas ficam menos políticas. Elas são qualificadas e técnicas dentro das comissões e o debate político vai para o plenário, onde é o local correto. Mas, aí, já está tudo preparado para ser votado. Tanto que nós tivemos a arguição de quatro projetos com ação de inconstitucionalidade este ano. Desses, em três conseguimos na Justiça a vitória por unanimidade, considerando-os constitucionais. Somente um, o projeto dos estacionamentos, foi declarado inconstitucional.

Mas não houve dificuldades para fazer os projetos tramitarem pelas comissões?

Sim. No primeiro semestre, tive muitos problemas com os parlamentares porque fui muito firme, não aceitei mandar projetos sem passar pelas comissões. Alguns deputados ficaram chateados, meio indignados porque queriam, claro, ter seus projetos aprovados. Tivemos uma renovação de 14 deputados e cada um queria ter o seu projeto aprovado para mostrar para a sociedade que estava produzindo. Mas a atividade parlamentar vai muito além disso. Muito mais importante do que a quantidade é a qualidade. Isso melhora não só a imagem do deputado, como fortalece a imagem parlamentar e das comissões e também melhora a imagem da Câmara Legislativa. A Casa era conhecida, inclusive, por um número enorme de projetos que depois eram declarados inconstitucionais.

Existem exemplos de projetos que passaram pela Casa após essa dita mudança de cultura?

Sim. Um foi a Gestão Democrática das Escolas. Outro exemplo é o projeto de regulamentação das feiras. Tivemos ainda o Regime Jurídico dos Servidores, que foi amplamente discutido e regulamenta a atividade do servidor no DF. Há também o PDTU (Plano Diretor de Transporte Urbano), que foi amplamente discutido. Há 15 anos, tentavam aprová-lo no DF. Os ex-governadores Joaquim Roriz e José Roberto Arruda, mesmo com bases amplas, mesmo tendo maioria na Câmara, não conseguiram aprovar. E nós conseguimos mesmo no período de formatação de uma base. Foi aprovado por unanimidade porque os parlamentares entenderam a importância desse projeto. Ele garante um planejamento para o setor público de transporte coletivo do DF, que hoje é caótico, as passagens são caras e o serviço ao cidadão é ruim. Aqui, no DF, é necessário mudar umas culturas. É preciso convencer o cidadão, o condutor de veículos, que ele pode deixar o veículo em casa e pegar o transporte coletivo. Mas, para isso, é preciso ter uma malha viária e um transporte de boa qualidade. Tem de haver renovação de frota, fazer licitação. Tem de abrir a caixa preta do transporte público do Distrito Federal. Para que ele se torne público mesmo. Aprovamos o projeto da Terracap, que deixa de ser só uma empresa imobiliária e passa a investir em projetos. Então, a Câmara, nesse primeiro ano, cumpriu o dever de casa, aprovando tanto em quantidade quanto em qualidade, evitando a inconstitucionalidade.

Sobre a exigência da tramitação dos projetos pelas comissões, o senhor disse que foi uma posição da atual Presidência. Então, não corre o risco de no futuro tudo voltar a ser como antes?

Não. Porque está havendo mudança de cultura. Os parlamentares, hoje, percebem isso. É preciso que o Poder Legislativo esteja fortalecido. Não tenho medo que volte atrás. No primeiro semestre, tive muitos problemas, como a resistência de parlamentares.

O senhor apontaria esse embates como as dificuldades, os pontos negativos ao longo de 2011?

Eu não diria negativos. Eu diria que é dificuldade de mudar a cultura.

Porque se você vem com uma condução, um hábito, ninguém quer mudar o que vem sendo feito ao longo do tempo. É preciso que alguém mostre que o caminho de antes era equivocado e que um novo deve ser seguido. Então, foram normais os embates. Conseguimos superar. A produtividade no fim de ano mostrou isso.

O que tem para avançar em 2012?
Temos alguns desafios. Temos projetos polêmicos como o Plano Diretor de Ordenamento Territorial (Pdot), que tem de ser amplamente debatido. Ele foi enviado este ano e não foi apreciado. Aliás, todos os projetos que o governo enviou e que queria que fossem aprovados em um mês, como a Gestão Democrática das Escolas, nós tivemos seis meses para analisar. Não cedemos à pressão do GDF, não vamos ceder à pressão do GDF e nem à pressão de nenhum segmento, seja social ou sindical. A Câmara tem o seu tempo e vai cumprir o seu rito.

Não entraram muitos projetos para aprovação às pressas no último mês? No caso do Regime Jurídico Único dos Servidores, por exemplo, que entrou no início de novembro, houve tempo para o debate?
Deu, sim. Acertamos com o GDF e fui muito firme na reunião do colégio de líderes, a ponto de deixar alguns líderes assustados. Eu disse que, se o GDF mandasse projetos que não tivessem sido debatidos com o conjunto dos parlamentares ou pelo menos com o colégio de líderes e com os segmentos da sociedade, nem iríamos votar. Se chegar na Câmara assim, eu devolvo para o governador. Vai haver um constrangimento. Então, antes de enviar, tem de debater na Câmara. Esse é o caso do Regime Jurídico Único. Ele foi construído com a participação da assessoria dos deputados, com a assessoria do GDF, com a CUT e com os sindicatos. Quando ele chegou à Câmara, até ocorreram algumas emendas, mas os deputados já conheciam a discussão. Daí, a gente acabou tendo condições de votar o projeto. Se não tivesse sido amplamente debatido, não teria sido apreciado.

Um dos papéis históricos e constitucionais do Legislativo é a fiscalização dos atos do Executivo. No caso do DF, o governo tem

uma ampla maioria. Isso não atrapalha esse papel fiscalizador?
Não. O que precisa é que cada parlamentar tenha uma mudança de
cultura. Não é só oposição que tem de fiscalizar. O deputado da base
não pode achar que o governo pode fazer o que quiser. Quando você
recebe uma crítica, é importante para que corrija um rumo. Aí, vai
reavaliar para ver o que precisa ser feito. Sendo da base ou da
oposição, é função constitucional do deputado fiscalizar o Executivo.
Até para a gente evitar de deixar que aconteça uma nova Caixa de
Pandora.

**Uma das críticas que o Legislativo sofre é a de que o poder se
tornou um simples despachante do Executivo. O senhor concorda
com isso?**
Com certeza. E aí a gente precisa mudar a cultura. E como muda? Com
posição firme. Foi o que fizemos este ano. Eu sempre dizia que a
Câmara não iria ser puxadinho do Buriti. Vários parlamentares,
inclusive de oposição, criticaram achando que eu iria deixar. E não
deixei. Por mais que eu seja do partido do governador, por mais que eu
seja da base do governo, eu sou o presidente da Câmara Legislativa. Eu
sou o chefe do Poder Legislativo. O governador é o chefe do Poder
Executivo. Eu estou de um lado da rua e ele, do outro. Mas cada um no
seu quadrado. Ele faz a parte dele e eu faço a minha.

**A Câmara não sai com a imagem arranhada por não ter aprovado
os pedidos de impeachment contra o governador Agnelo e por não
ter aprovado CPIs para investigar as denúncias ele?**
De forma nenhuma. A Câmara é um local de discussão política. Mas é
preciso ter alguns focos na sua administração e na atividade
parlamentar. É preciso, principalmente, enfrentar alguns setores e agir
com seriedade e serenidade. Eu tenho muita tranquilidade nesse
aspecto. Fui oposição no governo do ex-governador José Roberto
Arruda. Fui presidente da Câmara no período da crise que a Câmara
passou, que teve a Caixa de Pandora e a primeira eleição indireta do
DF. Estou muito tranquilo. Se tivesse alguma prova nos pedidos de
impeachment do governador Agnelo, eu teria aberto o processo de
impeachment e encaminhado à comissão especial, à CCJ e a plenário.

Mas existem investigações no Ministério Público Federal, na Procuradoria Geral da República e no Superior Tribunal de Justiça. Existe uma suspeição de que o governador errou quando era ministro do Esporte, mas não na função de governador. E o impeachment é o quê? É para um crime de responsabilidade contra o governador. Na atividade de governador. E não foi apresentada nenhuma prova de que o governador cometeu qualquer crime de responsabilidade durante a sua gestão. Então, não tem como abrir um processo de impeachment por mais que, politicamente, muitos setores quisessem. Precisa ter muita serenidade, sabedoria, transparência e firmeza no processo. Brasília não aguenta mais uma crise. Nós passamos por uma crise muito profunda.

Em 2012, não haverá eleição no DF. Em contrapartida, haverá eleição no Entorno e muitos parlamentares têm ligações com cidades goianas na região. Há risco de esvaziamento das sessões durante o acirramento da campanha no Entorno do DF?
Acredito que não. Os parlamentares têm uma certa inserção no Entorno, onde as eleições são muito acirradas, mas acredito que eles, imbuídos do senso de responsabilidade com a mudança da cultura da legislatura aqui no DF, não vão se ausentar ou se omitir das suas responsabilidades. Com certeza, eles vão saber conciliar os trabalhos aqui e a campanha no Entorno, que é legítima para o parlamentar fazer a sua participação. Estou convicto de que a Câmara não vai esvaziar e que o processo vai transcorrer da melhor maneira possível.

São de fato relevantes tantos projetos de autoria de deputados com sugestão de mudança de nome de logradouros públicos, sugestão de criação de datas comemorativas e de cessão de títulos de cidadania a pessoas?
Esses são temas polêmicos. Nós tivemos a coragem, na Mesa Diretora, de regulamentar a entrega de títulos de cidadão honorário. Esse número vai diminuir. Há um critério para que haja uma qualidade na escolha de quem recebe o título de cidadão honorário de Brasília a fim de não se banalizar. A Mesa tomou uma posição muito firme, inclusive desagradando alguns parlamentares. Nós vamos evitar que a Câmara

fique só fazendo sessões solenes. Mas são temas que precisam ser discutidos com todos os 24 parlamentares. Isso depende da responsabilidade de cada um. A casa é plural e política. E não pode ser uma pessoa que dita uma regra e ela é cumprida.

Mas qual a sua posição sobre a mudança do nome de logradouros?
Eu sou contra. Acho que a mudança do nome de qualquer logradouro deve ser feita consultando a população. Não é um parlamentar ou a Câmara que decide e, sim, a população daquela região administrativa ou do DF que decide pela mudança.

Fonte: Correio Braziliense - 25/12/2011

Correio Braziliense: Romaria ao TCDF pelas promoções

A Polícia Militar do Distrito Federal (PMDF) tomou mais uma iniciativa para garantir, o mais rapidamente possível, a ascensão de 2,3 mil servidores.

A Polícia Militar do Distrito Federal (PMDF) tomou mais uma iniciativa para garantir, o mais rapidamente possível, a ascensão de 2,3 mil servidores. A corporação ingressou, na quarta-feira, com embargos de declaração no Tribunal de Contas do DF (TCDF) a fim de descobrir o alcance da Decisão nº 6.597/10, que determinou a suspensão das promoções por agregação. Em outra frente, o presidente da Câmara Legislativa, Patrício (PT), que tem como base a categoria, se reunirá hoje com o governador do Distrito Federal (GDF), Agnelo Queiroz (PT), para discutir a liberação para 2,1 mil praças com data retroativa a 26 de dezembro.

Na tarde de ontem, Patrício, o distrital Aylton Gomes (PR) — que tem como origem o Corpo de Bombeiros — e o procurador-geral do DF, Rogério Leite Chaves, se reuniram com a presidente do TCDF, Marli Vinhadeli. O objetivo era apresentar propostas de ações do governo a fim de buscar uma solução para reverter o entendimento da Casa. No entanto, a conselheira não entrou no mérito da discussão e orientou o grupo a procurar o relator do processo, Inácio Magalhães. "Não fazemos qualquer tipo de acordo. O conselheiro poderá ouvi-los para conhecer os argumentos, mas a decisão será do Plenário, após o caso passar também pela análise do corpo técnico", disse a presidente.

Essa foi a única reunião entre o grupo e Vinhadeli para discutir o assunto. Na quarta-feira, o tema foi debatido na Procuradoria-Geral do DF, com a participação dos comandantes-gerais da PM, coronel

Sebastião Davi Gouveia, do Corpo de Bombeiros, coronel Gilberto
Lopes da Silva, e do chefe da Casa Militar, tenente-coronel Rogério da
Silva Leão. "A reunião foi tranquila. Ela nos apresentou aos técnicos
da Casa, que nos explicaram a tramitação interna do processo",
resumiu Patrício.

Análise

O caso estava sob a análise da 1ª Inspetoria de Controle Externo, mas
teve de ser devolvido ao relator para a análise dos embargos de
declaração. A ação atrasará a análise do mérito, mas poderá servir para
a efetivação da mudanças de patente dos praças, visto que o
conselheiro terá de explicar que tipo de ascensão está proibida. Em
dezembro de 2010, o tribunal determinou a abstenção das promoções
por agregação ou em decorrência delas. Por conta disso, o governo
cancelou a solenidade prevista para o fim do ano passado.

Para o presidente da Câmara, as promoções dos 2,1 mil praças podem
ser feitas imediatamente. Hoje, às 16h, ele apresentará os argumentos
técnicos a Agnelo para tentar convencê-lo. "Houve excesso no governo
de Rogério Rosso, mas a determinação do tribunal atinge somente os
oficiais. Mas a decisão é do governador", afirma Patrício. O distrital
iniciou a conversa com Agnelo na noite de quarta-feira, mas o
governador decidiu aguardar o resultado da reunião no Tribunal de
Contas antes de tomar qualquer iniciativa. "É uma decisão política",
disse o deputado.

Apesar de as promoções de dezembro de 2011 não serem por
agregação, o governo achou prudente suspendê-las. Segundo o tenente-
coronel Leão, a medida serviu para evitar questionamentos jurídicos.
No entanto, ele garante que os atos serão efetivados com efeitos
retroativos no tocante ao soldo e à antiguidade.

Previsão legal

A promoção de militares por agregação é permitida pela Lei nº
12.086/2009. De acordo com a norma, um policial pode ascender à
patente do colega que deixou, temporariamente, a corporação para

assumir cargo de confiança no Executivo. No entanto, em novembro de 2010, o TCDF recebeu denúncia de que o governo local teria deturpado a regra para promover 91 militares. Policiais teriam sido nomeados para órgãos como a Secretaria de Segurança Pública e a Casa Militar a fim de liberar as patentes para outros servidores

Fonte: Correio Braziliense - 27/01/2012

Jornal de Brasília: Mais de 2.800 promovidos

A ação terá efeito retroativo e valerá a partir do dia 26 de dezembro de 2011. *A ação terá efeito retroativo e valerá a partir do dia 26 de dezembro de 2011*

Depois de uma reunião com os comandantes da Polícia Militar e do Corpo de Bombeiros, além do presidente da Câmara Legislativa e do chefe da Casa Militar, o governador Agnelo Queiroz decidiu promover 2.852 policiais militares. A decisão encerra uma polêmica que se estende desde dezembro passado.

As promoções estavam previstas para dezembro e envolviam 2,3 mil soldados, cabos e sargentos, mas não foram concretizadas devido a uma decisão do Tribunal de Contas do Distrito Federal (TCDF), que suspendia as promoções por agregação – quando um policial é cedido para outro órgão e abre vaga para um policial de patente mais baixa ser promovido.

Pelos critérios definidos na reunião de ontem, após ouvir o procurador-geral do DF, Rogério Leite Chaves, o número de promovidos subiu para 2.852. Desse total, aproximadamente 5% são oficiais. O presidente da Câmara, Patrício, e os dois comandantes –da Polícia Militar, coronel Sebastião Davi Gouveia, e do Corpo de Bombeiros, coronel Gilberto Lopes da Silva –alegavam que não havia problema jurídico para a promoção. A questão estaria apenas na agregação. Seria, portanto, uma decisão política.

A promoção dos oficiais será feita por meio de decreto a ser assinado na segunda-feira pelo governador. A dos praças, por uma portaria que está sendo preparada. O coronel Gouveia já recebeu autorização de Agnelo Queiroz para assiná-la. Em ambos os casos, o ato terá efeito retroativo. Valerá a partir de 26 de dezembro, data para a qual se previam as agregações. Falta apenas definir a forma de pagar os atrasados, levando em conta a Lei de Responsabilidade Fiscal.

De acordo como Palácio do Buriti, com esses atos será atingido um recorde: mais de 11mil promoções foram feitas no ano passado, incluindo as decididas ontem. Isso seria uma demonstração de que a segurança pública está sendo valorizada pelo atual governo.

NEGOCIAÇÕES

O imbróglio envolvendo as promoções e, por consequência, as agregações, começou a complicar na quarta-feira, quando representantes da corporação ingressaram com embargos de declaração no TCDF, a fim de descobrir o alcance da Decisão 6.597/10, que determinou a suspensão das promoções por agregação.

Antes da decisão de ontem, ainda na tarde de terça-feira, Patrício, o distrital Aylton Gomes (PR) – que tem como origem o Corpo de Bombeiros – e o procurador-geral do DF se reuniram com a presidente do TCDF, Marli Vinhadeli. O objetivo era apresentar propostas de ações do governo a fim de buscar uma solução para reverter o entendimento da Casa. No entanto, a conselheira não entrou no mérito da discussão e orientou o grupo a procurar o relator do processo, Inácio Magalhães.

O caso estava sob a análise da 1ª Inspetoria de Controle Externo, mas teve de ser devolvido ao relator para a análise dos embargos de declaração. A ação atrasará a análise do mérito, mas poderá servir para a efetivação das mudanças de patente dos praças, visto que o conselheiro terá de explicar que tipo de ascensão está proibida. Em dezembro de 2010, o tribunal determinou a abstenção das promoções por agregação ou em decorrência delas. Por conta disso, o GDF cancelou a ascensão dos militares prevista para o fim de 2011.

SAIBA MAIS

O comandante da PM, coronel Sebastião Gouveia, que assumiu no dia 9 de janeiro, já tinha adiantado, no dia de sua posse, que iria buscar um posicionamento junto à PGDF a respeito das promoções suspensas no ano passado. De acordo com ele, é de interesse do comando que as promoções sejam efetivadas.

Depois da decisão, policiais militares e integrantes do Corpo de Bombeiros acompanharão como irá funcionar a aplicação das medidas no que diz respeito à retroatividade das promoções. Além disso, a categoria começará a lutas por reajustes salariais, segundo informações dos dois sindicatos que defendem os policiais militares e do Corpo de Bombeiros.

Fonte: Jornal de Brasília - 28/01/2012

Fim das Atividades do Ano 2011

Câmara Legislativa volta aos trabalhos

A Câmara Legislativa retoma os trabalhos nesta quarta-feira (1º).
Uma sessão ordinária com caráter solene, destinada à abertura dos
trabalhos, vai oficializar o início da Segunda Sessão Legislativa da
Sexta Legislatura.

A Câmara Legislativa retoma os trabalhos nesta quarta-feira (1º). Uma
sessão ordinária com caráter solene, destinada à abertura dos trabalhos,
vai oficializar o início da Segunda Sessão Legislativa da Sexta
Legislatura. A expectativa da Casa é consolidar neste ano a regra
prevista no Regimento Interno, de votar em Plenário somente projetos
com tramitação concluída nas Comissões.

Logo que assumiu a presidência da Casa, o deputado Patrício fez
cumprir os trâmites regimentais e a grande maioria dos projetos
aprovados passou por todas as comissões antes de ir ao Plenário.
"Neste ano, a meta é que consigamos fazer com que 100% dos projetos
que forem votados em Plenário tenham passado por todas as comissões
da Casa", ressaltou.

Patrício também lembra que 2011 foi um ano de recordes na Câmara Legislativa. "Tivemos em 2011 uma produção 30% maior do que em 2010, com 727 proposições de autoria dos deputados distritais e do Poder Executivo. Se a comparação for feita apenas com o número de projetos de lei apreciados este ano, o número chega a 50% a mais de produtividade. A Câmara Legislativa fez a sua parte, apreciando temas polêmicos e não se atendo às adversidades", destaca.

O presidente da Casa explica ainda, que no primeiro dia de trabalhos, os parlamentares vão receber os projetos do Executivo que já foram protocolados. "Vamos, a princípio, apreciar os vetos. Depois colocaremos em pauta os projetos de parlamentares com tramitação concluída. E, só depois, iremos analisar os projetos da pauta do executivo".

Distritais aprovam fim do 14° e 15° salários

Os deputados distritais aprovaram por unanimidade, nesta terça-feira (28), o Projeto de Lei n° 30/2011, que acaba com o pagamento de subsídios extras, também conhecidos como 14° e 15° salários, aos parlamentares da Câmara Legislativa do Distrito Federal.

Os deputados distritais aprovaram por unanimidade, nesta terça-feira (28), o Projeto de Lei n° 30/2011, que acaba com o pagamento de subsídios extras, também conhecidos como 14° e 15° salários, aos parlamentares da Câmara Legislativa do Distrito Federal. O pagamento do benefício foi instituído pelo Senado Federal em 1996 e sua aplicação se estendeu aos Legislativos estaduais e à Câmara dos Deputados.

A votação do projeto, de autoria da Mesa Diretora, foi acordada em reunião do colégio de líderes durante a tarde e terminou por volta das 20h, com 23 votos a favor e uma ausência do deputado Benedito Domingos (PP), por licença médica. Antes da aprovação em regime de urgência, o PL recebeu pareceres favoráveis das Comissões de Constituição e Justiça (CCJ) e Economia Orçamento e Finanças (CEOF), lidos em plenário.

Fonte: Correio Braziliense - 29/02/2012

Os subsídios eram pagos como ajuda de custo no início e no final de cada ano. "Tal benefício descabido afronta os demais trabalhadores de Brasília que não desfrutam dos mesmos diretos", afirmou Agaciel Maia (PTC), relator pela CEOF. Já Chico Vigilante (PT) destacou que o acordo para a extinção dos subsídios foi uma decisão coletiva e que não foi fruto de discussões acaloradas. "Foi uma decisão muito tranquila. Tomamos a decisão para tirar a Câmara desta pauta negativa na imprensa. Ano passado, produzimos tanto e não se fala disso nos jornais", reclamou o petista.

Rôney Nemer (PMDB) observou que o benefício não era ilegal e que os recursos fazem falta "a quem vive de salário". O deputado questionou ainda o argumento da imprensa de que os recursos empenhados no pagamento dos subsídios não estavam sendo usados em outras áreas. "Temos que fechar todas as torneiras", declarou.

Olair Francisco (PTdoB) também criticou o modo como a imprensa expôs os deputados e disse que a "história desse parlamento começa a mudar". "Os milhões gastos pelo governo com publicidade poderiam servir para construir várias escolas. Quando chegar o projeto do orçamento, vamos olhar com olhos bem atentos", prometeu. Wasny de Roure (PT), por sua vez, ressaltou o importante papel da imprensa ao pautar o tema e, consequentemente, mobilizar a população contra o benefício.

Já Celina Leão (PSD) disse que tem orgulho de fazer parte desta legislatura da Câmara Legislativa e relembrou que não foram os deputados distritais que criaram o benefício. "Essa aprovação traz uma reflexão. Espero que o GDF também abra esse espaço de transparência", cobrou.

Para a deputada Arlete Sampaio (PT), a Câmara deu um exemplo ao país. "Infelizmente, o parlamento tem sido alvo de críticas da sociedade porque não se compreende o papel do Legislativo e da democracia", disse.

O deputado Raad (DEM), que estava licenciado para exercer o cargo de secretário de Micro e Pequenas Empresas, retomou o seu mandato nesta terça-feira para participar da votação pelo fim dos subsídios extras. Na legislatura passada, Raad apresentou projeto propondo o fim dos subsídios.

Fonte: Coordenadoria de Comunicação Social da CLDF

Câmara adota "ficha limpa" para cargos comissionados

A Câmara Legislativa estendeu os critérios da chamada "ficha limpa" para todos os servidores da Casa que ocuparem cargos de chefia ou assessoramento.

A Câmara Legislativa estendeu os critérios da chamada "ficha limpa" para todos os servidores da Casa que ocuparem cargos de chefia ou assessoramento. A partir de agora, somente servidores em dia com a Justiça poderão ocupar os cargos comissionados. A regulamentação dos dispositivos que exigem a "ficha limpa" para a ocupação de cargos em comissão na Casa foi publicada no Diário da Câmara Legislativa (DCL) desta segunda-feira (5).

Estabelecidas por meio do ato da Mesa Diretora nº 17/2012, as regras valem para os nomeados a partir de hoje e para os já ocupantes de cargos de confiança. Quem já está ocupando o cargo terá um prazo de 30 dias para apresentar a documentação exigida. Quem não cumprir a determinação será exonerado, de ofício, pelo presidente da Câmara, deputado Patrício (PT).

Para comprovar sua situação os servidores terão que apresentar uma relação de documentos. Os documentos que deverão ser apresentados para a ocupação de cargos na Câmara são: certidões negativas criminais emitidas pela Justiça Federal e pelo Tribunal de Justiça do DF e Territórios; certidões negativas da Justiça Eleitoral, do Tribunal de Contas do DF e da Justiça Militar, além de declarações de não ter sido cassado nem renunciado a mandato e de não ter sido demitido do serviço público.

Fonte: Coordenadoria de Comunicação Social da CLDF

Patrício e Agnelo vistoriam obras do Expresso DF no Gama

O deputado Patrício e o governador Agnelo Queiroz vistoriaram na manhã desta terça-feira (13), as obras do Projeto Expresso DF, que ligará Gama, Santa Maria, ParkWay e o Entorno, à parte Sul do Plano Piloto.

O deputado Patrício e o governador Agnelo Queiroz vistoriaram na manhã desta terça-feira (13), as obras do Projeto Expresso DF, que ligará Gama, Santa Maria, ParkWay e o Entorno, à parte Sul do Plano Piloto. O cronograma está a todo vapor para o Viaduto do Balão do Periquito, na entrada do Gama. A obra é fruto da liderança e articulação de Patrício junto aos deputados na Câmara Legislativa para a provação do Diretor de Transporte Urbano (PDTU), que resultou no lançamento das obras do Veículo Leve sobre Pneus (VLP), no Gama.

O Projeto Expresso DF, constituído por veículos articulados ou biarticulados, terá capacidade para até 200 passageiros. "As obras do Expresso DF devem ser concluídas até junho de 2013 e vai reduzir a

viagem do Gama e Santa Maria de 90 para 40 minutos. Atenderá
diariamente mais de 220 mil pessoas e vai gerar seis mil empregos por
ano. É preciso deixar claro que é preciso acabar com o monopólio dos
transportes público em Brasília e o novo sistema terá um padrão de
controle operacional moderno, confortável e eficiente", explica
Patrício, que nasceu e mora até hoje no Gama e sabe da realidade do
transporte público da região.

O canteiro central ao longo de quase 42 quilômetros de corredor se
tornará uma via expressa. O sistema vai operar por ramais onde, no
Gama, serão 8,7km de extensão e em Santa Maria, 5,3km. A partir do
ponto de encontro na BR-040, o trecho se tornará único até chegar a
dois pontos de desembarque no Plano Piloto – Terminal Asa Sul e
Rodoviária do Plano Piloto. Além disso, o corredor terá dois terminais,
sendo um no Gama e outro em Santa Maria, além de 15 estações e 15
passarelas.

Algoz da corrupção, Patrício mira três amigos de Agnelo

O deputado Patrício (PT) presidente da Câmara Legislativa do Distrito Federal, apontou sua metralhadora giratória para o Palácio do Buriti. Garante que o alvo não é Agnelo Queiroz, mas o que há de mal feito no governo.

O deputado Patrício (PT) presidente da Câmara Legislativa do Distrito Federal, apontou sua metralhadora giratória para o Palácio do Buriti. Garante que o alvo não é Agnelo Queiroz, mas o que há de mal feito no governo. O cerco começa a secretários tidos como da cota especial do governador. São Cláudio Monteiro (Gabinete), Rafael Barbosa (Saúde) e Abimael Nunes (Publicidade).

Patrício quer levar os três em datas alternadas a prestarem explicações aos deputados distritais. Se vingar a idéia do presidente da Câmara, os depoimentos serão no Plenário, abertos à Imprensa, dando mais transparência e repercussão a uma provocação que já se desenha como geradora de fato e disputa por mais poder político.

Peixes menores (como o policial Marcello Lopes e o delegado Onofre Morais, ex-diretor da Polícia Civil) também entraram na linha de tiro. O primeiro passo para ouvir atuais e ex-assessores de Agnelo foi dado nesta terça-feira 3, com a leitura de requerimentos de convocação. Se forem aprovados em votação na próxima semana, é provável que Cláudio Monteiro seja o primeiro a dar explicações sobre seu suposto envolvimento com o contraventor Carlinhos Cachoeira.

Na sequência – sempre condicionado à aprovação dos requerimentos – iriam Rafael Barbosa e Abimael Nunes. O primeiro, para falar sobre a falência do sistema público de Saúde do Distrito Federal, que, segundo Patrício, vive em uma UTI permanente. Quanto a Abimael, o presidente da Câmara questiona o favorecimento de grandes veículos com gordas verbas de publicidade.

- Tenho compromisso com o governo que ajudei a eleger e com a sociedade que me elegeu, além dos meus pares da Câmara, antecipou-se em afirmar Patrício, afastando qualquer suspeita de que esteja jogando para a platéia.

Ele sustenta que cumpre seu papel de combater o mal feito:

- Como fiscalizadores do Poder Executivo, precisamos de esclarecimentos sobre quaisquer fatos que coloquem sob suspeição ações ou integrantes do Governo. A presença em Plenário é justamente uma oportunidade para provarem que não fizeram nada de errado, disse o presidente da Câmara.

A iniciativa de Patrício pegou de surpresa seus aliados e a própria oposição. O líder do governo Wasny De Roure (PT) se mostrou incomodado, mas admitiu que a tendência é pela aprovação dos requerimentos. Segundo ele, o quadro é nebuloso e a sociedade precisa de esclarecimentos. Já o também petista Chico Leite entende que se a proposta de Patrício não apresentar justificativas bem fundamentadas, dificilmente passará.

- Se há uma disputa política por mais poder, o Legislativo não será usado como canal, garantiu.

Pela Oposição, Eliana Pedrosa, líder do PSD, jogou um fósforo aceso para realimentar a fogueira que ameaça queimar mais uma vez as entranhas do Palácio do Buriti.

- O presidente Patrício mostra coerência com seu discurso. Não é porque é aliado do Agnelo Queiroz que deve querer tapar o Sol com a peneira. Se há suspeição, que os acusados se defendam, enfatizou a deputada, garantindo que vai encaminhar na bancada o voto pela aprovação dos requerimentos.

Fora do Plenário, as opiniões divergem. Deputados de primeira viagem avaliam que Patrício decidiu partir para o ataque para mostrar a independência do Legislativo, sempre levado a reboque pelo Executivo. Mas quem melhor definiu o quadro foi Dr. Michel (PSL), ao sentenciar que aliado não é sinônimo de capacho.

Se Patrício está ou não jogando apenas para a platéia, só o tempo dirá. Mas é certo que se Cláudio Monteiro, Rafael Barbosa e Abimael Nunes forem obrigados a falar em Plenário, os pilares do Palácio do Buriti tremerão. Mesmo porque, os três são vistos, pela ordem, como cabeça, tronco e membros de Agnelo.

Fonte: Notibras - 03/04/2012

Patrício pede ao Ministério da Justiça informações sobre possíveis violações de sigilo

O presidente da Câmara Legislativa, deputado Patrício (PT), requisitou na tarde desta terça-feira (17) ao Ministério da Justiça a relação de autoridades junto ao sistema Infoseg.

O presidente da Câmara Legislativa, deputado Patrício (PT), requisitou na tarde desta terça-feira (17) ao Ministério da Justiça a relação de autoridades e pessoas consultadas junto ao sistema Infoseg. Em ofício enviado ao ministro José Eduardo Cardozo, o deputado pede informações sobre o acesso, entre 2011 e 2012, dos policiais ao sistema que integra em âmbito nacional informações de segurança pública e justiça.

A iniciativa do presidente decorre de matéria publicada na edição 2265 da revista Veja, de 18 de abril de 2012, intitulada "Espiões Vermelhos", que relata a supostas ação ilegal de arapongas a serviço do Governo do Distrito Federal. "Afirma a matéria que policiais militares formalmente lotados no palácio do governo violaram sistemas oficiais de informações, inclusive da Receita Federal, para levantar dados sobre alvos escolhidos pelo gabinete do governador do Distrito Federal a fim de produzir dossiês contra desafetos do chefe do Executivo local", justifica o presidente, no texto ao Ministério.

As primeiras respostas do Ministério da Justiça a questionamentos da revista confirmam o acesso dos policiais a dados de parlamentares e jornalistas. "É inadmissível qualquer tipo de arapongagem ou espionagem contra qualquer cidadão, sendo ele autoridade ou não. Não vamos tolerar esse tipo de prática na capital da República e a Câmara Legislativa vai agir institucionalmente com rigor essa situação", observou Patrício. Ainda segundo a matéria jornalística, o Ministério Público do Distrito Federal e Territórios passou a investigar a origem das informações que constavam nos dossiês, e para identificar os responsáveis, foram feitos pedidos de informações a órgãos que gerenciam os bancos de dados oficiais.

O presidente observou ainda que, de acordo com o artigo 49 da Constituição Federal e o artigo 60 da Lei Orgânica do DF, compete privativamente ao Poder Legislativo a fiscalização e o controle dos atos do Poder Executivo. "Esta é a razão pela qual requeremos as informações solicitadas a fim de que a Casa cumpra com o seu mandamento constitucional", finaliza o texto assinado pelo presidente.

Infoseg – O sistema Infoseg (Informações de Segurança) é gerenciado pelo Ministério da Justiça por meio da Secretaria Nacional de Segurança Pública (Senasp) para disponibilizar e integrar informações de segurança pública, justiça e fiscalização entre todos os estados da federação e órgãos federais.

Correio Braziliense: Distritais também preparam CPI

Os deputados distritais devem instalar na próxima semana a CPI da Arapongagem para apurar a existência de uma suposta central de espionagem no coração do governo Agnelo Queiroz (PT) que teria sido montada com o objetivo de bisbilhotar promotores, jornalistas e políticos.

Os deputados distritais devem instalar na próxima semana a CPI da Arapongagem para apurar a existência de uma suposta central de espionagem no coração do governo Agnelo Queiroz (PT) que teria sido montada com o objetivo de bisbilhotar promotores, jornalistas e políticos. A extensão da investigação será definida hoje numa reunião. Parlamentares também deverão ler em plenário nesta tarde moção com pedido de exoneração do coronel Rogério Leão, chefe da Casa Militar do DF, apontado como o suposto mentor dos supostos grampos.

O presidente da Câmara Legislativa, Patrício (PT), prometeu ler nesta tarde o requerimento da CPI. Existe um acordo para que os 24 deputados distritais assinem o texto. Denúncias de que havia no Palácio do Buriti um grupo responsável por grampos ilegais nos telefones e e-mails de adversários políticos do governo do Distrito Federal. Há uma suspeita de que 80 pessoas tenham sido espionadas.

A bancada de deputados federais de Brasília e o senador Rodrigo Rollemberg (PSB-DF) decidiram ontem enviar pedido de informações ao Ministério da Justiça e ao Ministério Público sobre investigações em curso que indiquem a ocorrência de crimes de espionagem política na capital do país. Patrício pediu também ao Ministério da Justiça detalhes sobre consultas que teriam sido realizadas na rede Infoseg para levantar a ficha de alvos do governo local. O sistema reúne informações pessoais e imagens de cidadãos. O porta-voz do governo, Ugo Braga, disse que o Executivo não se pronunciaria sobre o assunto.

Patrício   Evan do Carmo

147 A ampla base de apoio de Agnelo começa a sofrer baixas. O PPS-DF vai se reunir no dia 26 para definir possível afastamento do governo. Dois integrantes do PSB-DF deixaram ontem o Executivo. O presidente da Ceasa, Júlio Menegotto, e o vice, Guarda Jânio, pediram demissão.

Fonte: Jornal Correio Braziliense - 18/04/2012

Câmara Legislativa cria CPI da Arapongagem para investigar escutas ilegais no DF

Com a assinatura de onze deputados distritais, a Câmara Legislativa criou nesta terça-feira (24) a CPI da Arapongagem, que vai investigar suspeitas de escutas clandestinas no Distrito Federal, entre o período de 2006 a 2012.

VEJA mostrou como Casa Militar do governador Agnelo acessou dados de opositores, jornalistas, promotores e até do vice-governador

A Câmara Legislativa do Distrito Federal decidiu nesta terça-feira criar uma Comissão Parlamentar de Inquérito (CPI) para investigar relatos de que o governo do petista Agnelo Queiroz patrocinava a espionagem de adversários e até aliados. Todos os 24 parlamentares apoiaram a criação da CPI da Arapongagem. Nesta quarta-feira, uma comissão de deputados distritais vai se reunir para definir o texto de criação da Comissão.

VEJA mostrou que dois sargentos subordinados à Casa Militar do governo acessaram dados pessoais de mais de vinte pessoas no Infoseg, o sistema do Ministério da Justiça que guarda informações sobre cada cidadão brasileiro. Entre os monitorados, estão o deputado federal Fernando Francischini (PSDB-PR), o promotor Wilton Queiroz e o vice-governador do Distrito Federal, Tadeu Filipelli (PMDB).

Investigação - A decisão dos deputados distritais é expressiva em uma assembleia na qual apenas quatro parlamentares fazem oposição ao governador Agnelo Queiroz. "As informações preocuparam os deputados. Vamos investigar não só o monitoramento de parlamentares, mas também de jornalistas, promotores e outras autoridades", explica o deputado Chico Leite (PT). "A CPI é algo muito importante. As denúncias são pesadas", diz Celina Leão (PSD), que faz oposição ao governo distrital e pediu a instalação da Comissão Parlamentar de Inquérito.

Outro pedido de CPI, entretanto, continua adormecido na Casa: o que cria uma comissão para investigar as relações da máfia de Carlinhos Cachoeira com o governo do Distrito Federal. São necessárias oito assinaturas. Até agora, sete foram recolhidas. A diferença é que, no caso da arapongagem, os deputados estão pensando na auto-proteção: "Todo mundo tem medo de ter tido o sigilo invadido", diz Celina.

A Câmara Legislativa do Distrito Federal tem uma longa tradição de CPIs fracassadas; nem o maior escândalo da história da política local, o Mensalão comandado por José Roberto Arruda, resultou em uma investigação concreta da assembleia local. É contra esse histórico desabonador que os parlamentares locais vão precisar lutar.

Apesar de dispor de uma base de apoio avassaladora, Agnelo Queiroz tem começado a sentir os efeitos da grave crise ética enfrentada pelo seu governo. Partidos tradicionalmente aliados, como o PDT e o PSB, têm recuado da postura de apoio ao petista. O PPS pode romper oficialmente com o governo na semana que vem.

Moção - Os deputados distritais também devem aprovar uma moção pedindo a saída do chefe da Casa Militar do governo, o coronel

Rogério Leão, Chefe da Casa Militar de Agnelo. O texto foi proposto pelo deputado Paulo Roriz (DEM). O episódio relatado por VEJA confirma o que alguns parlamentares suspeitavam: o de que Leão monitorava ilegalmente autoridades locais.

Fonte: Revista Veja Online - 17/04/2012

Lei de Patrício torna mais rigoroso o cadastro de usuários e o acesso de menores a lan houses

Foi republicada no Diário Oficial do Distrito Federal desta terça-feira (10) a Lei 4.852/2012, de autoria do deputado Patrício (PT), que torna mais criterioso o cadastro de usuários e o acesso de menores de idade a lan houses, cyber cafés e similares.

Foi republicada no Diário Oficial do Distrito Federal desta terça-feira (10) a Lei 4.852/2012, de autoria do deputado Patrício (PT), que torna mais criterioso o cadastro de usuários e o acesso de menores de idade a *lan houses, cyber cafés* e similares. A iniciativa, que visa aumentar a segurança pública, prevê que os estabelecimentos que oferecem acesso à Internet e jogos em rede exijam documentos de identificação e mantenham cadastro atualizado com informações pessoais dos usuários.

O estabelecimento que descumprir a nova legislação está sujeito a multa de R$ 3 mil, suspensão das atividades ou fechamento definitivo

152

do estabelecimento, conforme a gravidade da infração. Para o autor da Lei, o cadastro dos usuários contribui para coibir o uso das redes sociais em ambientes onde não seria possível o rastreamento dos usuários em casos de crimes como racismo, xenofobia e outros praticados por meio da rede mundial de computadores.

Além disso, o projeto proíbe a venda de cigarros e bebidas no mesmo estabelecimento que oferece acesso à Internet. "Com a identificação do usuário, estaremos evitando a impunidade gerada a partir do anonimato das redes. Além disso, ao proibir a venda de cigarros e bebidas alcoólicas no interior desses estabelecimentos, dificultamos o acesso dos jovens a esses produtos que causam danos irreversíveis", explicou Patrício.

A Lei 4.852/2012 foi republicada a pedido da Câmara Legislativa, que encontrou equívocos de redação no texto publcado em 13 de junho. A norma já está em vigor e pode ser consultada no portal da CLDF: http://life2:8080/web/guest/pesquisa-de-leis-e-proposicoes

Fonte: Coordenadoria de Comunicação da CLDF.

153

Nota à Imprensa

*Parentesco entre o deputado Patrício e o administrador do Gama não é
considerado nepotismo pela legislação*

*Em virtude de matéria veiculada ontem (10/07) no DFTV 2ª Edição,
TV Globo, o deputado Patrício esclarece que não há relação de
nepotismo entre ele e o administrador do Gama, Márcio Palhares.*

Em virtude de matéria veiculada ontem (10/07) no telejornal DFTV 2ª
Edição, da Rede Globo de Televisão, esclareço que:

1) Márcio Palhares de Oliveira é servidor público federal
concursado há 22 anos e foi requisitado pelo Governo do Distrito
Federal, por decreto do governador Agnelo Queiroz, em 21 de março
de 2012, para assumir a Administração Regional do Gama.

2) O parentesco comigo está legalmente amparado pela Súmula
nº 13 do Supremo Tribunal Federal e por Nota Técnica da 5a
Promotoria de Justiça de Defesa do Patrimônio Público e Social do

Ministério Público do Distrito Federal e Territórios (MPDFT). Portanto, não há que se falar em nepotismo.

3) A legislação em vigor prevê a nomeação de servidor concursado para ocupar cargo em confiança "quando haja compatibilidade de qualificação profissional/de escolaridade e complexidade do cargo, e que não haja subordinação direta", exatamente o caso em tela. Márcio Palhares é formado em Economia e pós-graduado em Gestão Empresarial, com ampla e reconhecida experiência de mais de duas décadas em administração e gestão públicas.

4) Possuo outros dois irmãos servidores do Governo do Distrito Federal, concursados e não ocupantes de cargos em comissão e que também não se enquadram em situação de nepotismo.

5) Assim, repudio veementemente qualquer tentativa de vinculação do meu nome a condutas contrárias às quais defendo no exercício do meu mandato parlamentar. Também não posso concordar com a atuação da imprensa em situações cujo direito do contraditório não é garantido às fontes citadas, que sequer foram consultadas na matéria em questão.

Deputado Patrício

Correio Braziliense: Em harmonia com o Poder Executivo

Veja a entrevista do deputado Patrício, realizada diretamente de Xangai na China, e publicada no jornal Correio Braziliense do último dia 25 de julho.

Xangai — Com o fuso de 11 horas à frente do Brasil, durante a viagem ao outro lado do mundo, o presidente da Câmara Legislativa, Patrício (PT), teve, nos últimos 12 dias, tranquilidade para conhecer novas experiências de desenvolvimento econômico na Ásia. De dia. Mas quando só o sol se punha em Cingapura e em Shangai, na China, e amanhecia no Distrito Federal, o telefone celular de Patrício não parava de apitar.

Eram vários torpedos e ligações de Brasília, sinal de que mesmo no recesso parlamentar, com o governador Agnelo Queiroz (PT), vários secretários e o presidente da Câmara em missão oficial a 20 mil quilômetros de distância, o meio político esteve em ebulição. Não é para menos. O segundo semestre promete na Câmara Legislativa.

Assim que retornarem aos trabalhos na próxima semana, os deputados distritais vão discutir a aprovação do Plano Diretor de Ordenamento Territorial (Pdot), a emenda à Lei Orgânica que permite a reeleição de membros da Mesa Diretora numa mesma legislatura — o que abriria a possibilidade da recondução de Patrício — e a indicação de nomes para duas vagas do Tribunal de Contas do Distrito Federal (TCDF). Há ainda a possível abertura de processo por quebra de decoro parlamentar contra os deputados Aylton Gomes (PR), Benedito Domingos (PP) e Rôney Nemer (PMDB), denunciados pelo procurador-geral da República, Roberto Gurgel, na Operação Caixa de Pandora. Tudo isso ao mesmo tempo.

Patrício jura que, neste momento, não trata de sua reeleição. Mas admite que os próximos meses serão quentes por haver tantos interesses políticos em jogo. O petista acredita que, mesmo com acordo para aprovar o Pdot em agosto , há chance de adiamento da votação. Em entrevista ao Correio, em Xangai, quando partia para a Alemanha, ele tratou dos assuntos polêmicos em pauta e deixou claro que, no segundo semestre, haverá turbulência política: "Será um semestre bem atípico. A cada dois anos, tem eleição da Mesa Diretora, mas nunca com tantos componentes políticos".

Qual a importância da sua participação na comitiva do governador Agnelo Queiroz ao Oriente Médio, à Ásia e à Europa?

Tem sido importante para que empresários e futuros investidores percebam que a Câmara Legislativa, que aprova a legislação, está em harmonia com o Poder Executivo e vai garantir a segurança jurídica para os projetos de desenvolvimento. Esse é um ponto fundamental. Nos meus pronunciamentos durante a viagem, tenho garantido que a Casa só vai aprovar matérias relacionadas ao setor produtivo depois de ampla discussão.

Em várias reuniões que a comitiva participou, especialmente em Cingapura, ficou claro que o planejamento urbano é fundamental para o crescimento organizado de uma cidade. No DF, a revisão do Pdot está emperrada. Quando a Câmara vai votar esse projeto?

Há um acordo de votação e de aprovação do Pdot em 13 de agosto. Mas sabemos que na política nem sempre o entendimento prevalece. Pode acontecer alguma coisa que fuja do controle do presidente ou dos parlamentares e não votarmos. Não podemos esquecer que esse plano não foi construído num debate com a Secretaria de Transporte e de Desenvolvimento Econômico, ao contrário do que assistimos em Cingapura, em Dubai ou aqui mesmo na China. Ficou comprovado nessa viagem que não dá para fazer um projeto desses apenas pela Secretaria de Habitação. Não é questão apenas de mudar uma zona rural para zona urbana e gerar habitação. É preciso que haja uma articulação e integração entre os órgãos.

Houve esse debate, esse trabalho conjunto na discussão da revisão do Pdot?

Nem todas as secretarias participaram da discussão. Mas agora, vamos levar essa experiência para os deputados saberem como deve ser feito um plano diretor que promove o crescimento de uma cidade. É preciso ter transporte integrado, por exemplo. Qual a contribuição a Secretaria de Transportes e o DFTrans deram? E a Secretaria de Desenvolvimento Econômico? É preciso definir onde ficarão os centros comerciais, industriais e definir também toda a malha de transportes integrada.

Quem está nessa disputa pelas vagas do TCDF?

Há várias pessoas. Mas esse é um processo que precisa ser discutido com todos os parlamentares, com o próprio governador, para fechar uma posição.

O senhor acha que o governador Agnelo será favorável à sua reeleição como presidente da Câmara?

Não discuti isso com o governador, nem com o PT. Tenho colocado que não é o momento de tratar da formação da Mesa Diretora. É preciso tomar muito cuidado. Nós já vimos um exemplo no governo Roriz, quando ele foi derrotado na Câmara Legislativa na eleição do Fábio Barcellos, com a ajuda de grupos que tinham interesses comerciais. E, no governo Arruda, houve a mesma coisa. Ele sofreu uma derrota com a condução do Leonardo Prudente à chefia da Casa. É preciso tomar muito cuidado com o pleito da Mesa no último biênio. Nos dois últimos anos, não dá para ter problemas. É preciso tranquilidade para que o projeto de governo possa ser renovado para mais quatro anos.

Se o senhor for reeleito, o governo terá tranquilidade?

O Executivo sempre teve tranqüilidade comigo na Presidência da Câmara. Todos os projetos do governo foram votados. Nunca se avaliou tanta proposta do governo como nesta legislatura. Exemplos: o projeto da Terracap, da erradicação da pobreza e principalmente o Plano Diretor de Transporte Urbano (PDTU). Roriz e Arruda, que tinham uma base maior, não conseguiram. E Agnelo aprovou o PDTU com três meses de governo.

Três deputados da atual legislatura foram denunciados pela Procuradoria-Geral da República na Operação Caixa de Pandora. Isso pode abrir uma nova discussão na Câmara contra eles por quebra de decoro?

Com certeza. Mas quem está com a bola? A Comissão de Direitos Humanos da Câmara. Não podemos esquecer que, no início de 2010, esses processos foram sobrestados. Agora, a Comissão de Ética precisa analisar se há novos elementos para abrir investigação ou se continuarão aguardando alguma outra resolução.

Esse assunto vai embolar também os trabalhos e virar moeda de troca na eleição da Mesa Diretora?

Tudo envolve política. Será um semestre bem atípico. A cada dois anos tem a troca da Mesa, mas nunca com tantos componentes políticos.

Qual tema importante será discutido na Câmara Legislativa no segundo semestre, além da eleição da Mesa Diretora e das indicações para o Tribunal de Contas?

Temos o Pdot e o Plano de Urbanismo e Cultura do DF. Mas o mais importante, na minha avaliação, é a Lei de Uso e Ocupação do Solo. Temos que votar.

Fonte: Jornal Correio Braziliense - 25/07/2012.

Patrício divulga os 18 filmes que concorrem ao Troféu Câmara Legislativa

Dois documentários de longa-metragem e 16 curta-metragens (sendo 12 na categoria ficção e quatro documentários) vão concorrer aos R$ 200 mil em prêmios do Troféu Câmara Legislativa do Distrito Federal (CLDF).

Dois documentários de longa-metragem e 16 curta-metragens (sendo 12 na categoria ficção e quatro documentários) vão concorrer aos R$ 200 mil em prêmios do Troféu Câmara Legislativa do Distrito Federal (CLDF), distribuídos aos melhores filmes brasilienses durante o Festival de Brasília do Cinema Brasileiro, em setembro próximo.

A lista (confira abaixo) foi divulgada nesta terça-feira (31) pelo presidente da Câmara Legislativa, deputado Patrício (PT). "É nosso dever apoiar a produção cinematográfica de Brasília. E achamos que podemos contribuir muito mais, além da premiação", afirmou ao anunciar os selecionados.

Longa-Metragem

- Parece que existo, de Mario Salimon (documentário)

- Sob o signo da Poesia, de Neto Borges (documentário)

Curta-Metragem

<u>Ficção</u>

- A caroneira, de Otavio Chamorro e Tiago Vaz

- Bibinha, a luta continua!, de Adriana de Andrade

- Colher de Chá, de J. Procópio

- Hereditário, de Sérgio Lacerda e Johil Carvalho

- Hex omega, de Diogo Serafim

- Kinólatras, de Tiago Belotti, Rodrigo Luiz Martins e Gustavo Serrate

- Meu amigo Nietzsche, de Fáuston da Silva

- Na cozinha, de André Luis da Cunha

-O corpo da carne, de Marisa Mendonça

- Sagrado coração, de Cauê Brandão

- Um Copo D'água, de Maurício Chades

- Véi, de Juliano Cazarré

<u>Documentário</u>

- A Jangada de raiz, de Edson Fogaça

- Cidadão de Limpeza Urbana, de Lucas Madureira e Thandara Yung

- Vida Kalunga, de Betânia Victor Veiga

- Zé do pedal, acima da terra e abaixo do céu, de Márcio Garapa e Viça Saraiva

Seleção – Escolhidos entre 94 produções da cidade, atestadas pela Associação Brasiliense de Cinema e Vídeo – ABCV, os filmes foram submetidos a uma comissão de seleção composta por especialistas na área: Anamaria Mühlenberg, produtora de cinema; John Howard, cineasta; Manfredo Caldas, cineasta; Raquel Imanishi, professora de Filosofia (UnB); e Sergio Bazi, jornalista e crítico de cinema.

Para o coordenador do Festival de Brasília, Sérgio Fidalgo, o Troféu Câmara Legislativa está consolidado e "é fundamental para o cinema da cidade". Ele disse que é com prazer que o Festival acolhe os selecionados na Mostra Brasília. O cineasta Kleber Machado, da ABCV, declarou que "o momento é de pensar o cinema brasiliense".

Em 16 anos (esta será a 17ª edição do Troféu), a CLDF já premiou 52 filmes, entre longa-metragens, curta-metragens (em 35mm e 16mm), além de vídeos. E já investiu cerca de R$ 1,2 milhão no cinema brasiliense, por meio dos prêmios.

Exibição – Os filmes serão exibidos nos dias 22 e 23 de setembro, na Mostra Brasília, na Sala Martins Penna do Teatro Nacional, que este ano abriga o Festival. Os premiados serão escolhidos por um júri composto por três membros, que serão escolhidos pela CLDF. Haverá ainda prêmios do júri popular e para categorias técnicas, que poderão ser escolhidos entre os filmes selecionados, independentemente da categoria e da duração.

As regras do Troféu, este ano, foram sugeridas à CLDF por um grupo de trabalho que teve representantes da ABCV; Associação de Produtores e Realizadores de Filmes de Longa Metragem de Brasília – Aprocine; Associação das Produtoras Brasileiras de Audiovisual – APBA-CO; do Coletivo Ceicine; além da Secretaria de Cultura. Os

162

parlamentares acataram as propostas e aprovaram a Resolução nº 259/2012, que determina a seguinte premiação:

Prêmios do Júri Oficial

a) Melhor longa-metragem: R$ 80.000,00 (oitenta mil reais);

b) Melhor curta-metragem: R$ 30.000,00 (trinta mil reais);

c) Melhor direção: R$ 6.000,00 (seis mil reais);

d) Melhor ator: R$ 6.000,00 (seis mil reais);

e) Melhor atriz: R$ 6.000,00 (seis mil reais);

f) Melhor roteiro: R$ 6.000,00 (seis mil reais);

g) Melhor fotografia: R$ 6.000,00 (seis mil reais);

h) Melhor montagem: R$ 6.000,00 (seis mil reais);

i) Melhor direção de arte: R$ 6.000,00 (seis mil reais);

j) Melhor edição de som: R$ 6.000,00 (seis mil reais);

k) Melhor captação de som direto: R$ 6.000,00 (seis mil reais);

l) Melhor trilha sonora: R$ 6.000,00 (seis mil reais).

Prêmios do Júri Popular

a) Melhor longa-metragem: R$ 20.000,00 (vinte mil reais);

b) Melhor curta-metragem: R$ 10.000,00 (dez mil reais).

Seminário – O presidente da CLDF também anunciou a realização de um seminário para discutir o cinema de Brasília, o Troféu Câmara Legislativa do DF e a exibição dos filmes selecionados para concorrer à premiação durante o Festival de Brasília. Ele observou que a Câmara

163

Legislativa – que organizará o evento – acatou sugestões do grupo de trabalho e da Comissão de Seleção para que o assunto fosse debatido.

"A nossa intenção é realizar um seminário tendo como convidados especialistas no tema, representantes das entidades dos realizadores, da Secretaria de Cultura, dos cursos de cinema, cineastas e a imprensa", observou o deputado Patrício.

O seminário deve acontecer em outubro, após o Festival de Brasília, com apoio do Conselho Curador de Cultura da Câmara Legislativa e da Escola do Legislativo (Elegis).

Fonte: Coordenadoria de Comunicação Social da CLDF.

164

Deputado Patrício garante redução do interstício de oficiais e praças da PM

Após conversas com o governador Agnelo, o deputado Patrício conseguiu reverter a decisão do Comando da PM contrária à redução do intertício. Medida deve beneficiar na promoção de agosto mais de dois mil policiais militares.

Após articulação do deputado Patrício junto ao governador Agnelo Queiroz, o Comando da Polícia Militar do Distrito Federal mudou o posicionamento contrário à redução do interstício e anunciou, nessa sexta-feira (27), a concessão do benefício superior a 50% para 2.236 oficiais e praças. Segundo divulgou o *site* do Comando da Corporação, a previsão é que os policiais recebam as novas graduações já nas promoções de agosto.

A mudança de posição do Comando da PM se deu depois da intervenção do deputado Patrício junto ao governador Agnelo principalmente durante as últimas duas semanas, quando os dois estiveram juntos em missão internacional pelo Oriente Médio, Ásia e Europa. Desde junho, o deputado Patrício coordena, por determinação do governador, o diálogo entre o GDF, o governador e as categorias para tratar da pauta de reivindicações.

O trabalho de convencimento do deputado junto ao GDF foi intensificado em abril, quando ele coordenou reunião na Residência Oficial de Águas Claras da qual participaram o governador, secretários de Estado, representantes da Corporação e de associações ligadas aos policiais e bombeiros militares.

Durante o encontro também foram discutidas propostas de reajuste e do Plano de Cargos e Salários das duas categorias no 5º encontro feito em 2012 para dialogar com o governo sobre a pauta de reivindicações das corporações.

"Estamos garantindo o nosso compromisso para a categoria. Sempre disse que cumpriríamos o nosso acordo e a minha palavra e a do governador continuam valendo. Conversei com ele, tiramos todas as dúvidas e o convenci a rever a posição do Comando da PM, que era contrário à redução do interstício. A vitória é da categoria e a nossa luta maior é para que todos, tanto praças e oficiais, sejam tratados com igualdade", afirmou.

Diário Oficial publica enquadramento da Câmara Legislativa à LRF

Foi publicado no Diário Oficial do Distrito Federal, nesta segunda-feira (27), o Relatório Analítico de Acompanhamento da Execução Orçamentária da Câmara Legislativa relativo ao período de janeiro a julho de 2012.

Foi publicado no Diário Oficial do Distrito Federal, nesta segunda-feira (27), o Relatório Analítico de Acompanhamento da Execução Orçamentária da Câmara Legislativa relativo ao período de janeiro a julho de 2012. O documento revela que o gasto com pessoal no Poder Legislativo atingiu o índice de 1,49% da receita corrente líquida do DF, mantendo-se abaixo dos limites máximo (1,70%) e prudencial (1,62%) estabelecidos pela Lei de Responsabilidade Fiscal (LRF).

Patrício   Evan do Carmo

Segundo o relatório, a evolução das despesas com pessoal da CLDF
vem confirmando as projeções, totalizando até o mês de julho cerca de
RS 118,9 milhões e comprometendo 48,7% dos recursos previstos na
Lei Orçamentária Anual. A expectativa dos técnicos da Casa é de que a
despesa anual da Câmara com pessoal fique em torno de RS 214,2
milhões, gerando ao final do exercício saldo orçamentário excedente de
aproximadamente RS 30 milhões.

O presidente da Câmara Legislativa, deputado Patrício (PT), observa
que os dados positivos apontados pelo relatório resultam do esforço
coletivo da Mesa Diretora e dos deputados distritais para cumprir a
LRF. Patrício explica que a implantação de um novo modelo de gestão
transparente e com foco no controle dos gastos é a marca atual da
Câmara Legislativa "Vamos continuar adequando, com transparência,
os gastos do Poder Legislativo à realidade financeira do Distrito
Federal", assegura.

Fonte: Coordenadoria de Comunicação Socialda CLDF

Deputado Patrício garante aprovação da regularização dos lotes de beco de Ceilândia

Sob a liderança do deputado Patrício, os deputados distritais aprovaram na terça-feira (28) o projeto de lei complementar 32/2012 que regulariza os lotes de beco em Ceilândia.

Sob a liderança do deputado Patrício, os deputados distritais aprovaram na terça-feira (28) o projeto de lei complementar 32/2012 que regulariza os lotes de beco em Ceilândia. A votação foi um compromisso do presidente da Câmara Legislativa com os moradores durante audiência pública sobre o tema dias atrás, na Casa. Com apromessa cumprida, o deputado Patrício abre o caminho para a solução definitiva do problema que se arrasta há mais de cinco anos e também atinge outras duas cidades, Gama e Brazlândia.

As comissões de Assuntos Fundiários e de Constituição e Justiça apresentaram pareceres favoráveis às emendas de plenário apresentadas pelos deputados com aparticipação de uma comissão de moradores de lotes de beco. A proposta foi aprovada em 1º e 2º turnos e redação final com 15 votos favoráveis. "A garantia do que foi acordado durante a audiência pública com moradores e integrantes do GDF mostra o empenho dos parlamentares para que a Câmara legisle de forma constitucional para aprovar os projetos que resolvem definitivamente o problema em Ceilândia, no Gama e em Brazlândia", destacou o presidente.

O deputado Patrício também destacou a mobilização dos moradores, que lotaram a galeria da Câmara Legislativa para acompanhar de perto a votação do projeto. Para o presidente da Associação dos Moradores de Becos de Ceilândia (AMBEC), Joel Martinho, a expectativa é positiva. "Estamos muito otimistas. Pudemos acompanhar uma votação expressiva. O deputado Patrício se empenhou bastante e agora é esperar a sanção do governador", comemorou.

O PLC 32/2012 segue agora para sanção do governador Agnelo Queiroz. Sob a intermediação do deputado Patrício, a situação do Gama deve ser a próxima a ser solucionada como envio, para a Câmara, de dois projetos de lei do Executivo, um para áreas ocupadas e outro para desocupadas.

Entrevista Site Notibrás: Patrício quer reeleger Agnelo e um dia ocupar a mesma cadeira

O deputado Patrício, presidente da Câmara Legislativa do Distrito Federal, quer reeleger o governador Agnelo Queiroz em 2014. Sobre ele próprio ser reconduzido agora ao cargo, dependerá de duas circunstâncias: 1) os distritais aprovarem a emenda de reeleição da Mesa Diretora; 2) ele ser ungido por consenso.

Mas no futuro – quem sabe em 2018 – o objetivo de Patrício, principal articulador da corrente petista Construindo um Novo Brasil, é estar no Palácio do Buriti. "Todo político almeja o posto máximo, e eu não sou diferente", revelou o deputado em entrevista a Notibras.

- Eu quero ser o primeiro político nascido em Brasília a governar a capital da República, sublinhou.

O deputado quer colher amanhã os frutos das sementes que planta hoje. "A Câmara Legislativa é um poder transparente; enterramos o fisiologismo, acabamos com os 14º e 15º salários, sepultamos o nepotismo. Nosso Poder é Nota 10. É com nosso respaldo que as mudanças exigidas começam a ser sentidas. E mais será feito", garantiu.

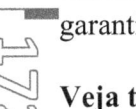

Veja trechos da entrevista:

1.Como é presidir um Poder que tem o fisiologismo como entranha?

A Câmara Legislativa do Distrito Federal tem combatido o fisiologismo. Essa é uma cultura de gestões passadas, não ocorre mais. A legislatura atual tem trabalhado para que a Casa seja uma instituição transparente. Acabamos com a ficha suja quando foi aprovado o Projeto de Lei Ordinária que instituiu a Ficha Limpa, não apenas na Câmara, mas em todos os poderes Distrito Federal. Também fomos os pioneiros com o fim do nepotismo e na extinção dos 14º e 15º salários. Isso reflete o trabalho que tem sido desenvolvido para mudar a imagem do Legislativo. Sem dúvida alguma não somos mais um poder fisiológico, de favores.

2. Numa escala de 1 a 10, qual a nota de retorno dos distritais para a sociedade?

A Câmara é um dos pilares da democracia. Se passarmos por qualquer crise no Distrito Federal será o Legislativo que irá devolver a autonomia política e financeira. O trabalho desenvolvido pelos deputados tem dado um retorno positivo para a sociedade. Aprovamos o pacote da Saúde com mais de seis mil servidores contratados, possibilitamos ao governo do Distrito Federal a instalação e inauguração de três UPAs (a quarta será inaugurada por esses dias) e sete clínicas da família já foram instaladas. Tudo isso aconteceu antes mesmo de serem constituídas as comissões permanentes, uma demonstração que os deputados estão empenhados e preocupados em apresentar resultados positivos para a sociedade. Outro exemplo prático foi a aprovação do Plano Diretor de Transporte Urbano, que tentaram viabilizar nos governos passados sem êxito. Também aprovamos o PDTU dois meses após o início do governo, o que possibilitou o investimento de R$ 2 bilhões do Governo Federal e mais R$ 7 bilhões que virão de empréstimos internacionais. Mas devemos destacar ainda as ações voltadas para as áreas da educação, saúde, segurança, desenvolvimento social. Como pode ser observado, exercemos um papel fundamental para o desenvolvimento do Distrito Federal. A nota não poderia deixar de ser 10.

3. Como podem ser classificadas as relações do Legislativo com o Executivo?

A relação entre o Executivo e Legislativo é autônoma e harmônica. O Executivo tem exercido seu papel e a Câmara a sua função que é dá o suporte jurídico e político, fiscalizando as ações do poder Executivo. Essa fiscalização é feita através da criação de comissões parlamentares de inquérito, convocação de secretários ou gestores públicos. Vamos continuar fiscalizando o Executivo com eficiência para que no final do governo sejam apresentados resultados positivos para a população do Distrito Federal.

4. Embora marque posição de independência, a Câmara é vista como um anexo do Buriti...

No passado a Câmara era de certa forma dependente do Buriti, era chamada de "Puxadinho do Buritinga". Nessa legislatura isso não ocorre. Não temos nos "curvado" ao Executivo, nem ao Judiciário ou à Imprensa. Exercemos nosso papel com autonomia e independência e manteremos essa postura. Tal posicionamento é pautado pela transparência e legalidade, cumprindo o regimento interno, a Lei Orgânica e a Constituição Federal.

5. A corrente Construindo um Novo Brasil respalda o governador Agnelo Queiroz?

O Partido dos Trabalhadores é uma agremiação política composta por adversidades, formada por muitas correntes e diversas tendências. A Construindo um Nova Brasil foi criada para unir essas correntes e lideranças dentro de um mesmo grupo. Essa corrente dará suporte para todas as ações do governador Agnelo Queiroz, para o governo do PT, como ocorre a nível nacional. Iremos trabalhar para que em 2014 seja possível garantir com tranquilidade a reeleição do governador Agnelo Queiroz.

6. Então o apoio à reeleição do governador Agnelo Queiroz está garantido?

Individualmente ele tem o meu apoio e a corrente Construindo um Novo Brasil também apoia a reeleição do governador Agnelo Queiroz. Iremos trabalhar para viabilizar uma ampla aliança e ganhar as eleições no primeiro turno.

7. Como é a relação entre os dois chefes de poderes? E de Patrício com Agnelo?

A nossa relação é de autonomia e independência quando se trata das instituições. Não existe suposta amizade, somos realmente amigos. Sou amigo do governador Agnelo e ele é meu amigo. Sempre tivemos uma relação muito tranquila e iremos continuar trabalhando juntos, acima de qualquer adversidade, lutando pelo bem da população.

8. A crise deflagrada com o episódio Carlinhos Cachoeira abalou as estruturas do Buriti?

A Operação Monte Carlo foi montada pela Polícia Federal para investigar uma organização, supostamente liderada por Carlinhos Cachoeira, que explorava jogos de azar principalmente no Estado de Goiás. O Congresso Nacional abriu uma CMPI para investigar o suposto esquema e as investigações continuam em curso. Nenhum membro do Legislativo ou Executivo locais está sendo investigado por envolvimento no esquema, por isso entendo que essa crise não faz parte de Brasília.

9. Patrício costuma dar sugestões-conselhos ao amigo Agnelo?

Como amigo dou conselhos a Agnelo Queiroz, e como governador também dou sugestões. Afinal sou deputado da base, do mesmo partido. Acredito que governar é isso, porque na vida pública precisamos ouvir algumas pessoas. Vale ressaltar que o governador não tem obrigação de executar o que digo. Ele tem autonomia, foi eleito pelo povo e todas as decisões cabem a ele.

10. Quem é o deputado Patrício? De onde veio, onde pensa chegar?

Sou um cidadão que nasceu em Brasília, filho do Gama, cidade que moro até hoje. Fui policial militar durante 14 anos, construí minha vida com muito trabalho e dificuldade. Minha mãe era dona de casa e trabalhava como diarista e meu pai, já falecido, foi mestre de obras, trabalhou na construção de Brasília. Tenho seis irmãos, quase todos concursados e nenhum ocupa cargo comissionado no governo. Tenho uma vida transparente e irei lutar para continuar na vida pública e ajudar a desenvolver a nossa cidade. Sou o primeiro brasiliense a presidir a Câmara Legislativa e também quero chegar à chefia do Executivo; quero ser governador do Distrito Federal. Quero ser o primeiro governador "filho da terra", cuidar da população como tão bem vem fazendo o governador Agnelo Queiroz.

11. A aprovação da emenda da reeleição da Mesa Diretora é questão fechada?
A reeleição sempre foi tratada por outras pessoas. Nunca discuti a emenda, não tratei do assunto nas reuniões do PT ou com parlamentares e não levei o tema ao governador Agnelo Queiroz. Estou no exercício da presidência e tenho trabalhado diuturnamente para dar ao GDF e a sociedade melhores condições. Quero concluir o meu mandato no dia 31 de dezembro de 2012 e cumprir os objetivos pelos quais fui eleito por unanimidade presidente da Casa. Tenho me empenhado para que a Câmara tenha todas as condições para desempenhar o seu papel, os parlamentares tenham condições de trabalho para atender a sociedade, os servidores possam atender os parlamentares e a sociedade de forma eficiente e que o Poder Legislativo seja um poder autônomo, independente, fortalecido e represente os anseios da sociedade. Sou filho de Brasília, filho do Gama e sempre irei lutar pelo bem estar da nossa população.

Fonte: Site Notibrás - 27/09/2012

Deputados aprovam porte de arma por agente penitenciário

A Câmara Legislativa deve votar na sessão ordinária desta terça-feira (23) projeto de lei que estabelece procedimentos para o porte de armas de fogo por agentes penitenciários, mesmo fora de serviço.

Após articulação do deputado **Patrício** (PT), a Câmara Legislativa aprovou na sessão ordinária desta terça-feira (23) projeto de lei que estabelece procedimentos para o porte de armas de fogo por agentes penitenciários, mesmo fora de serviço. Na última semana, Patrício recebeu em uma reunião na presidência da Câmara Legislativa, o secretário de Segurança Sandro Avelar e os dirigentes do Sindicato dos Agentes de Atividades Penitenciárias do DF (Sindpen) e com a Associação dos Servidores do Sistema Penitenciário do DF (Asspen). Na pauta do encontro estavam as negociações sobre o projeto de lei e a greve dos agentes.

Mais cedo, a mobilização da categoria reuniu dezenas de agentes penitenciários no plenário da Câmara para uma reunião com os deputados distritais. Na oportunidade, Patrício ressaltou: "vamos

equacionar as divergências e acertar a redação até a tarde, para votar o
PL nas comissões e em primeiro e segundo turno no plenário",
disse Patrício.

O PL nº 1185/2012, de autoria de vários deputados, recebeu parecer em
plenário das comissões de Segurança e Constituição e Justiça.
"Estamos preparados para responder a questionamentos, e só o STF
pode declarar uma lei inconstitucional", ponderou o presidente da
CLDF, deputado Patrício (PT).

Gestão de Patrício vai permitir que a Câmara Legislativa feche 2012 com despesas ajustadas

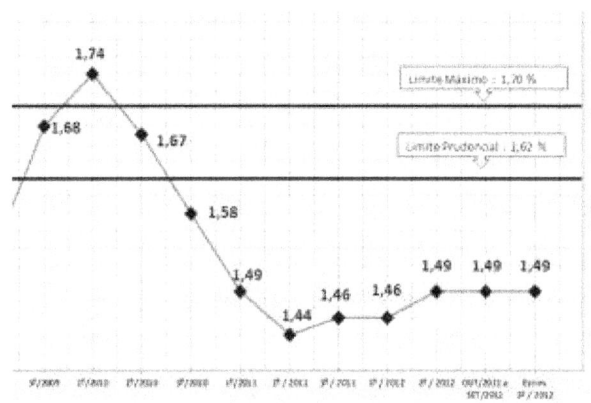

A gestão austera do deputado Patrício (PT), presidente da Câmara Legislativa do Distrito Federal, vai permitir que a Câmara Legislativa feche 2012 com despesas ajustadas.

A gestão austera do deputado **Patrício** (PT), presidente da Câmara Legislativa do Distrito Federal, vai permitir que a Câmara Legislativa feche 2012 com despesas ajustadas. A boa performance das contas da Casa deve-se, principalmente, a uma administração responsável, marcada pela transparência, austeridade e planejamento dos gastos. "A Casa deve continuar seguindo à risca o modelo de gestão que vem dando certo desde o ano passado - quando teve início a atual legislatura -, o que permitiu uma economia substancial de recursos públicos", ressalta Patrício.

No acumulado de outubro de 2011 a setembro de 2012, a despesa total com pessoal da Câmara Legislativa totalizou R$ 207,4 milhões. Com isso, para efeito da Lei de Responsabilidade Fiscal (LRF), o percentual de participação em relação à Receita Corrente Líquida (RCL) do

Distrito Federal, no mesmo período, correspondeu a 1,49%, bem abaixo dos limites impostos pela Lei de Responsabilidade Fiscal (máximo de 1,70% e prudencial de 1,62%).

Esse índice se manteve inalterado no 2º quadrimestre de 2012 o que representa uma gestão austera. Os dados constam de relatório da Coordenadoria de Planejamento e Elaboração Orçamentária da CLDF, publicado no Diário da Câmara Legislativa (DCL) desta terça-feira (23), correspondente ao 3º quadrimestre de 2012.

O resultado da receita corrente líquida (RCL) do Distrito Federal de setembro deste ano cresceu 18% em relação a setembro de 2011, alcançando o valor de R$ 1,2 bilhão. No acumulado dos últimos doze meses (outubro de 2011 a setembro de 2012) totalizou R$ 13,9 bilhões, o que representa aumento de 12,3% em relação ao mesmo período do ano passado.

De acordo com o relatório, as projeções referentes à participação dos gastos com pessoal da Câmara Legislativa em relação à RCL indicam estabilidade até o término deste exercício. Acrescenta que o resultado é ainda mais significativo se for considerada a previsão de crescimento expressivo dos gastos com pessoal no mês de dezembro em função do pagamento da segunda parcela da gratificação natalícia dos servidores (13º salário) e o pagamento da antecipação de férias a serem usufruídas no mês de janeiro/2013.

Despesas - As despesas liquidadas pela Câmara Legislativa até o mês de setembro totalizaram cerca de R$ 180,4 milhões, o que representa 51,8% da previsão orçamentária para o exercício 2012, no valor de R$ 348,3 milhões. Segundo o relatório, grande parte dos recursos utilizados até agora estão relacionados ao grupo de despesa "Pessoal e Encargos Sociais", consumindo 61,7% da previsão orçamentária anual. Já as despesas liquidadas com "Investimentos" correspondem a apenas 9,1% e as demais despesas correntes cerca de 29%. No comparativo com o mesmo período de 2011 o crescimento das despesas liquidadas é de 12,2% .

180

Segundo projeções de despesas a serem realizadas, estima-se que sejam necessários cerca de R$ 69 milhões para os meses de outubro a dezembro, deste ano, já incluídos neste cálculo o pagamento da segunda parcela da gratificação natalícia (13º salário dos servidores) e da antecipação das férias dos servidores previstas para o mês de janeiro/2013, o que deverá representar uma despesa anual de R$ 221,4 milhões e saldo orçamentário excedente de R$ 22,8 milhões ao final do exercício.

Para verificação do detalhamento mensal da prestação de contas dos parlamentares da CLDF com a verba indenizatória dos deputados distritais (aluguel e manutenção de imóveis, locação de máquinas e equipamentos, locação de veículos, combustíveis e lubrificantes, assessoria/consultoria – pessoa física/jurídica, divulgação de atividade parlamentar e outras despesas) basta acessar o portal da CLDF por meio do endereço eletrônico http://www.cl.df.gov.br/quadro-demonstrativo.

Com informações da Coordenadoria de Comunicação Social da CLDF

Patrício conduz aprovação de 14 projetos de lei propostos por parlamentares

Em mais um esforço do presidente da Câmara Legislativa, deputado Patrício (PT), para que os deputados distritais tenham o mesmo número de propostas apreciadas em Plenário, foram aprovadas nesta quarta-feira (24), 14 projetos de parlamentares.

Em mais um esforço do presidente da Câmara Legislativa, deputado **Patrício** (PT), para que os deputados distritais tenham o mesmo número de propostas apreciadas em Plenário, foram aprovadas nesta quarta-feira (24), 14 projetos de parlamentares. Os deputados ainda votaram favoravelmente a dois projetos de suplementação de créditos orçamentários encaminhados pelo Poder Executivo, que somados chegam a mais de R$ 136 milhões. Os projetos agora seguem à sanção do governador Agnelo Queiroz.

Dentre as matérias apresentadas pelos deputados, destaque para o PL 816/2012, de autoria do deputado Prof. Israel Batista (PEN), que obriga o Governo do Distrito Federal a publicar na Internet, em tempo real, todos os pagamentos e despesas relativas a obras, compras e serviços

relacionados à Copa das Confederações e à Copa do Mundo. Ainda na busca por aprimorar a transparência dos gastos públicos, os distritais aprovaram o PL 137/2011, de Washington Mesquita (PSD), que determina a publicação na rede mundial de computadores das informações referentes a todos os programas sociais do governo local.

Proposto pela deputada Eliana Pedrosa (PSD), o PL 723/2011, torna obrigatória o agendamento de cirurgias eletivas dentro do prazo de validade dos exames pré-operatórios no âmbito da rede pública de Saúde. Outra proposta de destaque aprovada neta quarta-feira foi o PL 344/2011, do deputado Cláudio Abrantes (PPS), que determina a instalação de uma balança pública em todas as feiras livres do DF para a aferição de produtos comprados a peso pela população. As balanças serão controladas por fiscais do GDF.

Créditos – Os deputados aprovaram ainda dois projetos que abrem crédito suplementar no Orçamento do DF. O PL 1197/2012, com valor de R$ 136 milhões, será utilizado para pagamento de pessoal em diversas unidades do governo. Já o PL 1180/2012 destina R$ 200 mil para a ampliação do sistema de iluminação pública do DF.

Com informações da Coordenadoria de Comuncação Social da CLDF

Com apoio de Patrício, governador sanciona regularização de quiosqueiros da rodoviária

Com apoio do deputado Patrício, o governador Agnelo Queiroz sancionou o projeto de lei nº 1.037/2012 que regulariza e estabelece critérios para a atividade econômica dos permissionários de quiosques em espaços públicos.

184

Com apoio do deputado Patrício, o governador Agnelo Queiroz sancionou o projeto de lei nº 1.037/2012 que regulariza e estabelece critérios para a atividade econômica dos permissionários de quiosques em espaços públicos. Além de um compromisso de campanha, a regularização dos quiosques foi uma luta do deputado Chico Vigilante e contou com o apoio do deputado Patrício para aprovação pela Câmara Legislativa.

Durante a cerimônia de sanção da lei, na plataforma inferior da Rodoviária do Plano Piloto, o governador destacou mais uma vez, a liderança do deputado Patrício, como presidente do Legislativo, pela condução e aprovação de mais um projeto de importância para a sociedade. "Agradeço ao presidente da Câmara, deputado Patrício, por ter aprovado com rapidez o projeto que traz benefício para a população", parabenizou o governador.

O presidente da Associação dos Permissionários da Rodoviária, Décio Alves Ferreira, destacou que a regularização é um mérito deste governo. "Com esta segurança jurídica, nós vamos poder trabalhar dentro da legalidade e beneficiar quem trabalha aqui há mais de 50 anos. Não imagino a Rodoviária do Plano Piloto sem o famoso pastel!", disse.

Herdeiro da Papelaria Papiros, Euclides Papiros, 57 anos, mostra com orgulho a fachada da loja onde está estampado o ano que a loja foi inaugurada. "O governo está de parabéns, pois foi o único governador, que após passados tantos anos e governos, saiu em nossa defesa. Isso mostra força política, pois dependíamos apenas da decisão do executivo", desabafou Papiros que lembra da época em que as lojas doadas pelo presidente Juscelino Kubitschek e dos trabalhadores pioneiros que iam passear pelo comércio da rodoviária.

Na segunda geração de donos, Patrícia Viçosa, 42 anos, da Pastelaria Viçosa, se disse muito feliz, pois era a realização do sonho de seu pai, Sebastião Gomes da Silva, fundador pioneiro da pastelaria símbolo da rodoviária. "Esse governo superou as expectativas e nos deu a garantia de que não seremos forçados a sair daqui", comemora.

Presidente Patrício controla gastos e repassa R$ 20 milhões ao GDF

A previsão orçamentária anual da Câmara Legislativa na gestão do deputado Patrício (PT) na presidência da Casa, sofreu uma redução de R$ 20 milhões no mês de outubro deste ano, passando de R$ 348,3 milhões para R$ 328,3 milhões.

A previsão orçamentária anual da Câmara Legislativa na gestão do deputado Patrício (PT) na presidência da Casa, sofreu uma redução de R$ 20 milhões no mês de outubro deste ano, passando de R$ 348,3 milhões para R$ 328,3 milhões. Os recursos cancelados foram transferidos ao Poder Executivo para cobrir despesas com pessoal e encargos sociais de diversas áreas do governo local.

Os dados constam do Relatório Analítico de Acompanhamento da Execução Orçamentária relativo ao período de janeiro a outubro de 2012, produzido pela Coordenadoria de Planejamento e Elaboração Orçamentária da Câmara Legislativa e publicado do DCL desta quinta-feira (22).

De acordo com o relatório, as despesas liquidadas pela Câmara totalizaram de janeiro a outubro R$ 203,3 milhões, correspondendo a 61,9% da previsão orçamentária anual de R$ 328,3 milhões. Os gastos com pessoal da Casa alcançaram R$ 169,2 milhões no mesmo período, sendo que a previsão orçamentária anual destes gastos é de R$ 241,1 milhões. Entretanto, a expectativa é de que as despesas com pessoal da CLDF fechem o ano em R$ 221.4 milhões, o que vai gerar uma economia de R$ 19,7 milhões.

Responsabilidade Fiscal – Pelos critérios estabelecidos na Lei de Responsabilidade Fiscal (LRF), a despesa com pessoal da CLDF computada no mês de outubro totalizou R$ 16,6 milhões, acumulando nos últimos doze meses (novembro de 2011 a outubro de 2012) cerca de R$ 209,4 milhões, o que corresponde a 1,49% da Receita Corrente Líquida do DF obtida no mesmo período. Este resultado - que continua muito abaixo do limite máximo de 1,70% e do limite prudencial de 1,62% impostos pela LRF - confirma as projeções dos técnicos da Câmara Legislativa, mantendo-se inalterado em relação ao índice apurado no último Relatório de Gestão Fiscal, referente ao segundo quadrimestre de 2012.

Segundo os técnicos, mesmo com a expectativa de crescimento das despesas com pessoal da Casa nos meses de novembro e dezembro, não são esperadas alterações nos índices de participação em relação à RCL no terceiro quadrimestre de 2012, quando serão computados os meses de janeiro a dezembro de 2012.

A receita corrente líquida do Distrito Federal no mês de outubro cresceu 13,2 % em relação a outubro de 2011, correspondendo a R$ 1,1 bilhão. No acumulado dos últimos doze meses (novembro de 2011 a outubro de 2012) totalizou R$ 14 bilhões, crescendo 12,6 % em relação ao resultado obtido no ano anterior.

O presidente da Câmara Legislativa, deputado **Patrício** (PT), ressalta que o bom desempenho das contas da Casa, desde o início da atual legislatura, é fruto de uma gestão "transparente e austera", partindo do planejamento, do controle e da responsabilidade com os recursos públicos.

Informações da Coordenadoria de Comunicação Social da CLDF

Patrício cumpre compromisso e aprova incorporação da G.A.T.A

Foi aprovada a incorporação da Gratificação de Atividade Técnico-Administrativa (Gata) para os servidores da saúde do Distrito Federal. O deputado Patrício sempre defendeu a categoria e participou da mesa de negociações, além disso, se comprometeu em votar a proposição no plenário da Câmara Legislativa assim que fosse encaminhada.

Foi aprovada a incorporação da Gratificação de Atividade Técnico-Administrativa (Gata) para os servidores da saúde do Distrito Federal. O deputado Patrício sempre defendeu a categoria e participou da mesa de negociações, além disso, se comprometeu em votar a proposição no plenário da Câmara Legislativa assim que fosse encaminhada. Patrício cumpriu seu compromisso e por volta das 23h30 de quinta-feira (13), aprovou projeto de lei (PL) 1309/2012 que agora segue para sanção do governador Agnelo.

Para a diretora do SindSaúde Marli Rodrigues, a aprovação do projeto representa uma correção na discriminação sofrida pelos servidores em relação às demais categorias da saúde. "Desde de 2009 esperamos por esse momento e apesar do longo parcelamento, nós conquistamos a Gata", disse. "Foi uma luta árdua, compreendida por poucos e sofrida por muitos. Hoje finalizamos essa etapa e temos sim muito o que comemorar, pois conseguimos sair de um acordo e transformar isso em lei", avaliou.

"Isso só foi possível porque os parlamentares dessa Casa se comprometeram em votar imediatamente o PL tão logo ele fosse encaminhado. Esse acordo foi honrado e agradecemos muito o apoio", avaliou o presidente do SindSaúde, Agamenon Torres.

O sindicato divulgou uma nota em agradecimento ao empenho do deputado Patrício na aprovação do projeto. Leia:

NOTA DE AGRADECIMENTO

A direção do SindSaúde agradece o apoio dos Deputados da Câmara Legislativa (CLDF) pela votação do PL de incorporação da Gratificação de AtividadeTécnico-Administrativa (Gata).

O empenho dos parlamentares foi fundamental e decisivo na aprovação do projeto de lei.

Os parlamentares que abraçaram a luta pela incorporação da Gata entram positivamente para a história da nossa categoria, pois eles provaram que é possível sair do discurso e ir para a verdadeira prática, trazendo resultados positivos para o servidores e para a sociedade de Brasilia.

Nosso sinceros agradecimentos a todos os Deputados Distritais

Patrício faz balanço da gestão na última sessão no plenário da Câmara Legislativa

Na tarde da última quinta-feira (14), o deputado Patrício abriu os trabalhos da última sessão ordinária de 2012 sob sua gestão. Os deputados distritais reconhecem que a Câmara Legislativa cumpriu o seu papel e parabenizam Patrício pela economia de R$110 milhões em 2011, de R$ 80 milhões em 2012, o que contribuiu para desonerar os cofres públicos do governo.

Na tarde da última quinta-feira (14), o deputado Patrício abriu os trabalhos da última sessão ordinária de 2012 sob sua gestão. Os deputados distritais reconhecem que a Câmara Legislativa cumpriu o seu papel e parabenizam Patrício pela economia de R$110 milhões em 2011, de R$ 80 milhões em 2012, o que contribuiu para desonerar os cofres públicos do governo.

Além disso, parabenizaram Patrício pela gestão que deixou fatos históricos no Poder Legislativo como a exigência de Ficha Limpa dos servidores da Casa, o fim do Nepotismo no legislativo e a extinção do 14º e 15º salários dos parlamentares. Patrício aproveitou os apartes dos parlamentares e fez um balanço sobre os dois últimos anos da Câmara Legislativa.

Leia a íntegra do discurso:

"PRESIDENTE (DEPUTADO PATRÍCIO) – Deputada Eliana, peço este aparte a V.Exa. até para aproveitar o tema que está em debate e não falar dele depois.

Primeiro, Deputado Chico Leite, quero dizer que a Câmara está em uma situação de normalidade política, a Câmara não tem nenhum problema. Na verdade, a Câmara não tem problema algum, como V.Exa. mesmo colocou.

É bom lembrar aqui a todos os servidores e aos Parlamentares, o conjunto dos 24, e faço questão de voltar na história porque as coisas são esquecidas no decorrer dos dias e dos meses, principalmente no decorrer de dois anos — hoje é o último dia de trabalho do ano de 2012 —, que nós assumimos a legislatura, Deputado Olair Francisco, com a Câmara em 1,79% acima do limite prudencial e sem a possibilidade de contratar nenhum servidor, Deputada Eliana. Os catorze Parlamentares de primeiro mandato desta legislatura ficaram três meses, Deputado Chico Leite, sem nenhum servidor em seus gabinetes.

Na verdade, nós assumimos no dia 1º de janeiro de 2011, e no dia 2 a nossa primeira decisão foi exonerar 650 servidores. Nós demitimos 650 pessoas porque a Câmara estava acima do limite prudencial estabelecido na Lei de Responsabilidade Fiscal. Passamos três meses, por mais que os Deputados tivessem feito pressão, e houve pressão também da imprensa e da sociedade, sem contratar os servidores. Ficamos até o mês de maio de 2011 sem contratar servidores da estrutura da Câmara Legislativa, somente com os servidores efetivos, e sem ganhar gratificação.

Nós cortamos porque a Câmara precisava se enquadrar na LRF. O sindicato, o Sindical, que o Adriano conduz muito bem, deve estar aí em cima na galeria, fez inclusive uma movimentação, e nós lembramos aqui que no primeiro semestre, Deputado Olair, a Mesa se reuniu com o sindicato, com os diretores para pedir que não fizessem manifestação porque nós estávamos em um momento de contenção de gastos, e a negociação, Deputada Eliana, seria muito mais proveitosa para os servidores no segundo semestre do que no primeiro.

O sindicato fez o seu papel, fez suas reuniões, suas assembleias, sua movimentação e fez a greve dos servidores da Câmara Legislativa. É só a imprensa, os servidores e a sociedade entrarem no YouTube que vão ver a galeria lotada de servidores, inclusive dizendo que nós, da Mesa, éramos ditadores, imperadores, no dia.

Nós fizemos as sessões no plenário somente com um servidor que trabalha no sistema de som gravando as sessões plenárias da Câmara Legislativa, ele foi o único servidor que trabalhou durante a greve dos servidores da Câmara Legislativa. Uma greve legítima garantida pela Constituição Federal, pela Lei Orgânica do Distrito Federal e pelo Regimento Interno da Câmara Legislativa.

Nós, enquanto Parlamentares, respeitamos o movimento dos servidores. Mas não paramos nossos trabalhos, continuamos votando no plenário com apenas um servidor trabalhando, gravando as sessões. Depois, os taquígrafos e as taquígrafas fizeram a degravação de tudo o que foi gravado. No mais pleno exercício da democracia.

Deputada Eliana Pedrosa, feito o dever de casa, Deputado Wasny de Roure, com as contas equilibradas, nós chegamos a um patamar, no segundo quadrimestre de 2011, com o percentual de 1,43 %, o menor índice da história desde a criação da LRF. Nunca a Câmara Legislativa tinha chegado a um percentual tão baixo, Deputado Aylton Gomes, V.Exa. que é da Mesa, o Segundo Secretário, e nós negociamos com os servidores e concedemos reajuste para 2011 e para o ano de 2012. Pagamos os atrasados aos servidores que tinham direito, antecipamos o 13º e as férias no mês de dezembro, e a Câmara Legislativa fechou o quadrimestre com 1,44%, Deputado Cláudio Abrantes.

No ano de 2012, a Câmara Legislativa, com as contas equilibradas, antes de iniciarmos os trabalhos no dia 1º de janeiro de 2012, ainda ajudou o GDF. Nós devolvemos, no dia 31 de dezembro de 2011, R$110.000.000,00 (cento e dez milhões de reais), economizados pelo Poder Legislativo, para que o governo pudesse fazer o pagamento aos servidores da saúde pública do Distrito Federal, Deputado Aylton Gomes. E nós só devolvemos com os recursos carimbados para pagar aos servidores da Saúde, para termos certeza de que seriam para o pagamento aos servidores da Saúde.

No ano de 2012, com o dever de casa cumprido e com todas as contas equilibradas, Deputada Eliana Pedrosa, como V.Exa. mesma disse, nós continuamos com o índice mais baixo da história da LRF, 1,46%. Cumprindo nosso dever de casa e fazendo nosso papel, legislando e fiscalizando, mas cuidando dos recursos públicos oriundos de impostos e taxas do trabalhador e de todo o contribuinte. A Câmara Legislativa não se furtou ao seu papel.

Nós chegamos, agora, no final, Deputado Olair Francisco, e feito o dever de casa, já concedendo o reajuste aos servidores da Câmara Legislativa para o ano de 2013, Deputada Eliana Pedrosa — V.Exa. colocou do veto e do ano de 2014 —, continuando ainda, Deputado Rôney Nemer, com o menor percentual da história da Câmara Legislativa.

Devolvemos há dois meses, no mês de setembro, se não estiver enganado, R$ 20.000.000,00 (vinte milhões de reais) ao GDF, para que ele pudesse pagar o salário, em dia, aos servidores da saúde. Na última quinta-feira, devolvemos mais R$ 20.000.000,00 (vinte milhões de reais) para que ele não atrasasse o pagamento dos servidores da saúde do Distrito Federal.

194

A Câmara Legislativa, além de fazer seu dever de casa, além de se enquadrar na LRF, Deputada Eliana Pedrosa, além de tratar bem os servidores, ainda deu dinheiro para que o GDF pudesse pagar aos servidores da saúde do Distrito Federal, tamanho compromisso dos 24 Deputados com a saúde pública do Distrito Federal, com o servidor público concursado.

A Câmara Legislativa ainda tem dinheiro para devolver ao GDF, porque a Mesa economizou junto com os 24 Deputados. Nós vamos devolver, Deputado Dr. Michel, V.Exa. que é o Vice-Presidente da Câmara Legislativa. Nós fizemos tudo isso e vamos amanhã, dia 14 — já pagamos o 13º aos servidores —, fazer o pagamento de dezembro a todos os servidores e aos Parlamentares da Câmara Legislativa. Vamos também antecipar as férias e o 13º, porque a Câmara Legislativa fez o seu dever de casa e vai fechar o ano com 1,47%, um dos menores índices também da história do Poder Legislativo.

Isso mostra que os 24 Parlamentares são eficazes gestores, Deputada Eliana Pedrosa. Daí não há razão, mesmo havendo o veto do Governador Agnelo Queiroz, o qual respeito, em função do momento político, de a Câmara Legislativa não apreciar o veto e de não derrubar esse veto, que faz jus aos servidores da Câmara Legislativa.

Eu, inclusive, falei com a Deputada Arlete Sampaio que podíamos deixar para o próximo ano, pois eu gosto de fazer as coisas com muita clareza. Mas nós cumprimos o dever de casa, nós equilibramos as contas, nós economizamos, nós agimos com transparência, nós ajudamos o GDF na saúde pública e temos o dever de tratar bem os servidores e de fazer valer aquilo que a Câmara Legislativa aprovou. A Câmara Legislativa aprovou com unanimidade, com os 24 Deputados, Deputada Eliana Pedrosa, o reajuste dos servidores da Câmara Legislativa. É justo que a Câmara, também no plenário, derrube o veto do governador e pague o salário aos servidores no ano de 2013 e 2014, porque a Câmara fez seu papel.

Eu quero ir mais além, é até uma oportunidade de fazer uma prestação de contas. Deputada Eliana Pedrosa, muito obrigado, o espírito natalino, V.Exa. está de azul, com um espírito muito bem aberto para que a gente pudesse aqui... Deputado Chico Leite, foi V.Exa. que apresentou e nos votamos aqui, hoje a Câmara tem o voto aberto, é bom que a gente se lembre. Deputado Dr. Michel, Deputado Olair Francisco, Deputado Raad Massouh e Deputado Aylton Gomes, fomos a única Casa do País que aprovou um projeto de lei extinguindo o 14° e o 15° salário dos Parlamentares. O Congresso Nacional ainda não o fez, mas nós fizemos. Nós abrimos o peito aqui e fizemos a votação em voto aberto e acabamos com o 14° e 15°. Foi esta Casa no último dia de trabalho, no ano de 2011, Deputado Agaciel Maia, que votou o PELO do Ficha Limpa e instituiu nos Poderes Executivo, Legislativo e Judiciário do Distrito Federal o Ficha Limpa. A Câmara cumpre.

Para assumir aqui tem que preencher uma ficha no Recursos Humanos para tomar posse, se não, não toma. Tem que apresentar certidões negativas. Mas a Câmara foi mais além, Deputada Arlete Sampaio, ela acabou com o nepotismo não só de Deputados, mas também de servidores. Aqui não tem nenhum servidor que tem parente. A Câmara não só aprovou o fim do nepotismo para o DF inteiro, mas também cumpre. A Câmara cumpre. Nenhum servidor que tem parentesco aqui assume ou toma posse, porque tem que preencher uma ficha no Recursos Humanos.

Então, nós fizemos várias e várias ações, Deputado Cláudio Abrantes, que trazem transparência à comunidade, à sociedade do Distrito Federal. O Regime Jurídico Único é um exemplo disso. Vou mais além. Foi a Câmara Legislativa, no seu primeiro mês de trabalho, depois de cinquenta anos de história, que aprovou o Plano Diretor de Transporte Urbano no Distrito Federal; que garantiu o investimento de 2 bilhões e 400 milhões do PAC da Mobilidade do Governo Federal e que está garantindo quase 7 bilhões de investimento que vai mudar o transporte público do Distrito Federal. O Expresso DF já está quase concluído inclusive lá na área do Gama até o Plano Piloto, faltando o eixo leste e oeste e o norte e sul de Sobradinho e Planaltina, que deve começar no mês de fevereiro de 2013, Deputado Cláudio Abrantes.

Foi a Câmara Legislativa, Deputada Eliana Pedrosa, que, mesmo sem ter constituído as suas comissões permanentes, que são nove — talvez ninguém saiba, as pessoas fora da Câmara —, mesmo sem aprovar as comissões, sem ter seus membros efetivos e seus presidentes, autorizou para o Governo do Distrito Federal o pacote da saúde que possibilita a contratação de 10 mil servidores na saúde pública do Distrito Federal. Já foram contratados até hoje 7 mil servidores na área da saúde pública. Foi a Câmara que autorizou para que o GDF pudesse contratar mais de 2 mil servidores na educação pública do Distrito Federal.

Foi a Câmara, Deputado Benedito Domingos, que aprovou que os recursos que forem arrecadados pela Terracap — que faz licitações no GDF, hoje é mais um dia de licitação, Deputado Chico Vigilante, hoje teve licitação na Terracap pela manhã — através de licitações possam ser investidos em obras sociais. Foi a Câmara que aprovou. Foi a Câmara Legislativa, o Poder Legislativo. Nós aprovamos mais de 1 mil e 500 projetos.

É bom dizer aqui aos Parlamentares, Deputado Agaciel Maia, Deputado Rôney Nemer, Deputado Cláudio Abrantes, Deputada Eliana Pedrosa, Deputado Chico Vigilante, Deputado Chico Leite, os presidentes de comissões, que foi a Câmara, na gestão destes dois anos, que empoderou os Deputados Distritais. Secretário de administrador, Deputado Cláudio Abrantes — V.Exa. é um exemplo disso no PDOT — não procura o Presidente da Câmara para discutir projeto nenhum. Podem chamar o presidente de imperador, mas os secretários e administradores procuram os Deputados e presidentes das comissões. As comissões foram empoderadas, os Deputados foram empoderados por mais que não queira se dizer. Hoje, os Deputados são respeitados pelas autoridades de gestões públicas do Distrito Federal.

A pauta que é prerrogativa do Presidente da Câmara é discutida com os líderes na reunião do Colégio de Líderes. Só depois de um consenso é que os projetos são encaminhados, Deputada Eliana Pedrosa, inclusive com oposição para serem votados no plenário da Câmara, Deputada Celina Leão, com o aval da Base e da Oposição do governo.

Então, Deputado Dr. Michel, é uma prestação de contas que esta Mesa, ao contrário do que alguns diziam, de autoritarismo, foi super democrática e garantiu avanços importantíssimos não só à sociedade do Distrito Federal, mas também ao Poder Legislativo que, como disse bem a Deputada Eliana Pedrosa, é autônomo, independente e tem sim que fazer valer a aprovação do seu projeto, a vontade dos servidores, a vontade dos Deputados que votaram por unanimidade o projeto aqui no plenário, derrubando o veto do Governador, se possível, no dia de hoje. Eu, como Presidente, com a prerrogativa da Ordem do Dia, vou consultar os Líderes para colocar o veto na pauta de votação ainda hoje no plenário da Câmara para derrubarmos o veto do salário dos servidores aqui da Câmara Legislativa.

Estou prestando contas. Para os jornalistas que estão aí, é bom colocarmos que o projeto de reforma foi aprovado. Os jornalistas não têm condições de trabalho. As plantas já foram aprovadas na Administração de Brasília. É bom dizer que a Câmara Legislativa é um dos poucos prédios de Brasília que tem habite-se. As plantas, os projetos, Deputada Eliana Pedrosa, foram aprovados, já estão retornando à Câmara, e as obras se iniciam no recesso, já que o iniciamos no dia de amanhã, e aí a imprensa não terá só um local para ficar e fazer o seu trabalho. Aquele vidro chegará para a retaguarda um metro e meio e teremos uma sala, inclusive, onde a imprensa e os jornalistas poderão entrevistar os Deputados e as autoridades aqui. Haverá mesa com computadores, inclusive notebooks com acesso à internet para serem utilizados, para enviar às redações as matérias que forem feitas aqui na Câmara Legislativa. Tudo feito com transparência e dentro da legalidade, Deputado Cláudio Abrantes.

Nós encerramos, na semana passada, mais uma licitação – que era prevista de cinco milhões –, a de sinalização da Câmara, no valor de um milhão e cem mil reais; mais uma economia que a Câmara fez. A Casa agora estará totalmente sinalizada, inclusive na área externa e em toda a área interna do Poder Legislativo; também um presente para os servidores. A Câmara está se enquadrando, cumprindo o seu papel, tudo dentro da normalidade, da transparência e seguindo a legislação de legalidade.

Aqui, hoje, quero agradecer a todos os Deputados, a todos os servidores, principalmente, que fizeram com que na Câmara, hoje, tudo isso se fizesse possível. Peço desculpas se errei em algum momento, Deputada Eliana Pedrosa. Se errei, e todos erramos, foi tentando acertar. Eu quero que continuemos acertando, não só para os servidores e Deputados, mas também para a sociedade do Distrito Federal. Muito obrigado. Boa tarde a todos."

199

Governador anuncia reajuste salarial para os servidores da Segurança Pública

Governador Agnelo acatou sugestão do deputado Patrício e, de forma inédita, o GDF adota um reajuste isonômico para a Segurança do DF. Antes do anúncio, Patrício acompanhou o governador em reunião com a ministra do Planejamento, Miriam Belchior. PM, Polícia Civil e Bombeiros terão 15,8% de aumento, dividido em 3 anos a partir de 2013. O reajuste é o mesmo dos servidores federais.

O aumento de 15,8% se equipara ao mesmo percentual concedido pelo governo federal aos funcionários públicos. Aqui no DF, a medida vai beneficiar 40 mil policias militares, civis e militares bombeiros

Cerca de 40 mil servidores da Polícia Militar, do Corpo de Bombeiros e da Polícia Civil receberão reajuste salarial de 15,8%. O anúncio foi feito pelo governador do Distrito Federal, Agnelo Queiroz, acompanhado da primeira-dama, Ilza Queiroz, na tarde desta quinta-feira (20), no Centro de Convenções Ulysses Guimarães.

"Estivemos com a ministra Miriam Belchior e concluímos essa discussão. Dessa forma, vamos conceder um reajuste às policias Militar e Civil e ao Corpo de Bombeiros", afirmou o governador.

O índice de reajuste se equipara ao percentual concedido pelo governo federal aos seus servidores e foi definido, hoje (20), em reunião do governador do Distrito Federal com a ministra do Planejamento, Miriam Belchior. O pedido já havia sido feito à presidenta Dilma Rousseff por meio de minuta, encaminhada pelo governador, solicitando o aumento para as três categorias da Segurança Pública do DF.

O percentual acertado será concedido em parcelas anuais de 5%, que, consolidadas, representam 15, 8% nos próximos três anos. O reajuste representará um aumento, na folha de pagamento, de R$ 166 milhões para 2013, de R$ 376 milhões em 2014 e de R$ 599 milhões em 2015.

O reajuste, que começará a ser pago em 1º de março de 2013, beneficiará cerca de 23 mil PMs, 9 mil bombeiros militares e 8 mil policiais civis. O aumento é concedido por meio do Fundo Constitucional, com repasses do governo federal ao GDF.

"Estamos em absoluta sintonia com o governo federal, que nos orientou a trabalhar com os mesmos índices de reajuste concedidos pela União aos servidores públicos federais", reforçou o secretário de Administração Pública, Wilmar Lacerda.

Aprovação do Programa de Ajuste Fiscal - Na ocasião, o governador Agnelo Queiroz anunciou ainda a aprovação, pela Secretaria do Tesouro Nacional, da prestação de contas do GDF e a revalidação do Programa de Ajuste Fiscal. "Todas as medidas adotadas na nossa economia e no modelo de gestão permitiram esse resultado. É um reconhecimento do esforço que o governo do DF fez em dois anos para arrumar a casa", afirmou Agnelo Queiroz.

Fonte: Agência Brasília

Publicada as promoções dos oficias do CBMDF referente a agosto

O Diário Oficial do Distrito Federal da última sexta-feira (21), publicou as promoções referentes a agosto dos oficiais do Corpo de Bombeiros Militar. Veja a lista dos promovidos.

O Diário Oficial do Distrito Federal da última sexta-feira (21), publicou as promoções referentes a agosto de 2012, ao Quadro de Oficiais Bombeiros Militares Combatentes do Corpo de Bombeiros Militar do DF (CBMDF).

Fim das Atividades de 2012

Dep Patrício empossa Mesa Diretora e tem reconhecimento da comunidade

O deputado Patrício empossou no último dia 1º de janeiro, a nova Mesa Diretora da Câmara Legislativa para o biênio 2013/2014. Leia mais.

O deputado Patrício empossou no último dia 1º de janeiro, a nova Mesa Diretora da Câmara Legislativa para o biênio 2013/2014. Patrício agradeceu aos 24 deputados que tiveram papel importante em ajudar o Legislativo a chegar ao patamar inédito de economia. Ele também foi aplaudido pela comunidade presente na galeria do plenário, quando destacou as ações realizadas na sua gestão. Veja a íntegra do discurso:

"PRESIDENTE (DEPUTADO PATRÍCIO) – Na verdade, eu, neste 1º de janeiro de 2013 – e como o próprio número já diz, o ano de 2013, ano 13, que representa o Partido dos Trabalhadores, nosso número, não é mesmo, Deputada Arlete Sampaio? –, gostaria de agradecer a todos os servidores desta Casa – sejam servidores efetivos, sejam comissionados – que nos ajudaram desde o dia 1º de janeiro de 2011 para que pudéssemos conduzir esta Casa de maneira firme e correta, equilibrando suas contas dentro da Lei de Responsabilidade Fiscal,

conseguindo, inclusive, baixá-la para o menor índice da história, o de 1,43%, índice jamais alcançado pela Câmara Legislativa. Isso possibilitou que a Câmara Legislativa melhorasse a sua imagem junto à sociedade, assim como obtivesse a valorização a todos os servidores desta Casa, tanto efetivos como comissionados, com a garantia de um reajuste salarial aos servidores no ano de 2011, no ano de 2012 e um reajuste para o ano de 2013 e também para o de 2014. Com o planejamento defendido primeiramente pelo Deputado Joe Valle – um reconhecimento a V.Exa., Deputado, que sempre defendeu um planejamento estratégico para esta Casa –, nós efetivamos o COPEI e fizemos um planejamento com os servidores concursados que possuem doutorado e mestrado, que planejaram e pensaram a Câmara Legislativa ouvindo não só os servidores, mas também os 24 Deputados e a sociedade do Distrito Federal. Assim, realizamos o planejamento estratégico para os próximos dez anos da Câmara Legislativa, um poder essencial à democracia do Distrito Federal.

Quero agradecer a compreensão dos 24 Deputados, principalmente os 14 novos Deputados que assumiram o mandato no dia 1º de janeiro de 2011 e ficaram três meses sem a nomeação de nenhum assessor no gabinete, por mais que isso seja direito garantido pela legislação – pela Lei Orgânica e pelo Regimento Interno da Câmara Legislativa. Apesar disso, não tiveram isso em virtude de uma liminar que proibiu a contratação pelo fato de a Câmara Legislativa ter ultrapassado 1,74% de acordo com a Lei de Responsabilidade Fiscal. Isso demonstra que o Poder Legislativo, um poder autônomo e independente, respeita o Poder Judiciário e também o Poder Executivo.

Agradeço a todos os Deputados, assim como aos servidores da estrutura da Câmara que só tomaram posse a partir do dia 1º de maio de 2011, depois que nós equilibramos todas as contas desta Casa.

Agradeço a todos os membros da Mesa – Deputado Olair Francisco, Suplente do Deputado Raad Massouh, que ficou alguns dias como 1º Secretário, que é encarregado do Setor de Recursos Humanos da

Câmara Legislativa; Deputado Raad Massouh, que, nos primeiros meses antes de se tornar Secretário, ficou na árdua função de equilibrar as contas no Setor de Recursos Humanos da Câmara Legislativa; Deputado Aylton Gomes, Segundo Secretário, encarregado das licitações, das compras e dos pagamentos da Câmara Legislativa, que, com muito afinco, ajudou-nos a chegar ao atual patamar de responsabilidade fiscal. Agradeço também ao Deputado Joe Valle, que sempre diz que é preciso ter rito, e nós instituímos um rito nesta Casa, já que todos os projetos, tanto os de autoria do Executivo como os do Poder Legislativo ou mesmo os projetos de iniciativa popular, só vêm a plenário após a conclusão da tramitação em todas as comissões. Isso possibilitou a valorização de todos os servidores que trabalham nas comissões, assim como o reconhecimento e o empoderamento dos Deputados Distritais nas nove comissões permanentes desta Casa, trazendo mais de 200 mil pessoas para a Câmara Legislativa no ano de 2012, o que possibilitou um amplo debate em todos os projetos que foram aprovados neste plenário, muitas vezes, inclusive, por unanimidade dos Parlamentares, sejam da Base ou da Oposição ao Governo do Distrito Federal. Isso mostra o amadurecimento de todos os Parlamentares do Poder Legislativo.

Quero citar alguns exemplos: o Plano Diretor de Transporte Urbano do Distrito Federal. Brasília nunca tinha tido um plano diretor de transporte urbano. Esta Casa, nesta legislatura, aprovou esse plano, possibilitando que o Governo Federal encaminhasse, através do PAC da Mobilidade, 2 bilhões e 400 milhões de reais para investimento, fazendo que as obras estejam avançadas no BRT Sul, que liga o Gama até o início do Eixão. Possibilita também, a partir do mês de março – se eu estiver enganado, o Governador pode corrigir, inclusive, porque é o encarregado dessa área –, a viabilização do BRT Norte, que ligará Sobradinho e Planaltina a Brasília – nós sabemos do caos da BR-020, não é, Deputado Cláudio Abrantes? E ainda a viabilização do BRT do Eixo Leste/Oeste, que liga Taguatinga e Ceilândia ao Plano Piloto.

Mais que isso. Esta Casa possibilitou, nos seus primeiro dias de trabalho, antes mesmo da constituição das suas comissões permanentes, da eleição dos seus presidentes e vice-presidentes e dos membros efetivos e suplentes, a aprovação de um plano emergencial para a saúde pública do Distrito Federal, o que resultou na inauguração de quatro UPAs, de clínicas de Unidade de Saúde da Família, a contratação de mais de 7 mil servidores públicos concursados para a área da saúde e mais de 2 mil e 500 servidores para a área de educação.

Esta Casa também aprovou, no início do segundo semestre de 2012, o Plano Diretor de Ordenamento Territorial. Diferente do que foi aprovado no passado – e eu faço questão de lembrar –, que desencadeou a Operação Caixa de Pandora, esse Plano Diretor de Ordenamento Territorial foi aprovado durante a luz do dia pelos 24 Parlamentares, o que não permitiu que houvesse qualquer arguição por parte da Justiça. Isso mostra a responsabilidade dos 24 Deputados.

Não satisfeitos, os 24 Deputados, até a data de hoje, foram também pioneiros na aprovação do projeto que extinguiu o 14º e o 15º salários para os Parlamentares desta Casa, dando o exemplo a todo o Brasil. Várias casas de leis também seguiram o exemplo. Que o Congresso Nacional também o siga, atendendo aos anseios da população não só de Brasília, mas também de todo o Brasil. (Palmas.)

Esta Casa discutiu, com muita tranquilidade e com muita transparência, o Plano de Preservação do Conjunto Urbanístico de Brasília. Não o colocou em votação açodadamente nem de maneira repentina, respeitando a autonomia e a independência do Poder Executivo, que realizou suas audiências e comissões gerais, respeitando, principalmente, a autonomia do Poder Legislativo, que realizou e continua realizando audiências para esgotar o debate e só depois colocar a matéria em votação no plenário, atendendo não a vontade do Poder Executivo, mas a vontade da população do Distrito Federal.

Esta Casa aprovou, nesses dois anos, o Projeto Ficha Limpa, que instituiu o Ficha Limpa no Distrito Federal. Nenhum servidor pode ocupar mais cargo público, seja efetivo, seja comissionado, se for ficha suja. Esta Casa, não satisfeita em acabar com o nepotismo por parte dos Deputados em 2007, também nessa legislatura, nesses dois anos, instituiu o fim do nepotismo entre servidores. Nenhum servidor toma posse, seja efetivo, seja comissionado, se tiver parente nesta Casa.

Esta Casa tem agido com a máxima transparência, respeitando os poderes Judiciário e Executivo, mas, principalmente, respeitando a altivez do povo do Distrito Federal, que soube eleger os 24 Deputados, que representam não só as regiões administrativas de Brasília, mas também os movimentos sociais e sindicais do Distrito Federal.

Esta Casa, que no dia 1º de janeiro de 2011 tinha 80% de rejeição, hoje tem mais de 60% de aprovação por parte da sociedade do Distrito Federal. Foi um trabalho conjunto de servidores, de Deputados, mas, principalmente, da sociedade do Distrito Federal, que passou a reconhecer na Câmara Legislativa – situada, agora, na Praça dos Poderes da Capital, ao lado do Ministério Público, ao lado do Tribunal de Justiça do Distrito Federal e Territórios e ao lado do Palácio do Buriti – o poder que tem o dever de garantir a democracia no Distrito Federal. Não há exemplo maior que esta Casa tenha dado do que devolver à população de Brasília a sua autonomia política e econômica no ano de 2010, realizando a primeira eleição indireta que Brasília já viu para garantir que a população fosse às urnas no ano de 2010 eleger, democraticamente, pelo voto secreto, pelo voto de cada cidadão e de cada cidadã, os seus Deputados, os seus senadores, o seu Governador do Distrito Federal e a sua Presidente da República.

Esta Casa garantiu e vai continuar garantindo, na pessoa do Deputado Wasny de Roure, que assume a Presidência desta Casa, do Partido dos Trabalhadores, no ano de 2013, com os demais membros da Mesa, a autonomia, a independência do Poder Legislativo, de forma harmônica com o Poder Executivo e o Poder Judiciário, mas sem nenhuma submissão, sem nenhuma interferência ou ingerência, porque esta

Casa representa os anseios de toda a população. Os 24 Deputados sabem da sua função e da sua responsabilidade e vão continuar agindo com a mesma eficiência e com a mesma eficácia, prova disso é que nunca esta Casa aprovou tantos projetos de lei do Executivo e do Poder Legislativo. Nunca os Deputados tiveram tantos projetos aprovados, mas com uma diferença, sem terem depois os seus projetos declarados inconstitucionais.

O desafio agora que o Deputado Wasny de Roure e a nova Mesa têm é fazer que os projetos aprovados pelos Parlamentares sejam regulamentados pelo Poder Executivo, sejam efetivados na vida da população para que cada cidadão possa ver que esta Casa representa os anseios do povo do Distrito Federal.

A democracia é feita com a diversidade, com divergências, mas é importante que, no final, prevaleça a vontade da maioria. A eleição da Mesa Diretora no dia 1º de janeiro de 2011 demonstrou isso, pois houve um consenso construído com os 24 Parlamentares, sem enfrentamento de nenhuma chapa. Esse consenso foi construído depois de amplo debate. Isso se repetiu no dia 13 de dezembro de 2012, quando esta Casa, exaustivamente, reuniu os 24 Deputados, discutiu, divergiu, mas, no final, construiu um consenso, fazendo prevalecer a vontade da maioria e, principalmente, a vontade do povo do Distrito Federal.

Esta Casa construiu novamente o consenso para que não houvesse a disputa no plenário e para mostrar que os 24 Deputados desta legislatura estão adquirindo conhecimento e amadurecimento político e abrindo mão de qualquer projeto pessoal e de grupo em defesa da estabilidade política e econômica do povo do Distrito Federal.

Desejo a todos os brasileiros, a todos os brasilienses e, principalmente, à nova Mesa Diretora todo o sucesso no biênio 2013-2014. Que Deus os abençoe. Que Deus os proteja e conduza a decisão de cada Parlamentar nesta Casa, neste novo biênio que está por vir e finda em 2014. Meu muito obrigado e bom dia a todos. (Palmas.)

Antes de transferir a Presidência ao Deputado Wasny de Roure, que já está empossado, eu não posso me esquecer de fazer menção ao meu Vice-Presidente, o Deputado Dr. Michel. Eu falei de todos os membros da Mesa e falei dos 24 Deputados. O Deputado Dr. Michel não se encontra presente hoje por motivos alheios à sua vontade, mas foi um ferrenho defensor desta legislatura da Câmara Legislativa e, na Mesa, de todas as medidas que nós anunciamos agora.

O Deputado Dr. Michel, que é Vice-Presidente, é encarregado do Fascal, que cuida da saúde dos servidores e dos Deputados da Câmara Legislativa. Aliás, o Fascal hoje tem dinheiro em caixa e tem respeitabilidade em toda a área hospitalar aqui do Distrito Federal. É um dos melhores planos em funcionamento aqui na Capital da República. S.Exa. também cuida da informatização, da tecnologia da informação da Câmara Legislativa. Então, é importante que nós façamos aqui o reconhecimento a um delegado de polícia, oriundo da Polícia Civil, que prestou os seus serviços e depois foi eleito Deputado e eleito Vice-Presidente desta Casa.

Então, que o Deputado Dr. Michel, mesmo não estando presente, receba os reconhecimentos não só meus, mas também da Mesa Diretora, dos 24 Deputados e, principalmente, dos servidores daqui da Câmara Legislativa. (Palmas.)

Registro ainda a presença do Cel. Julio César Corrêa, respondendo pelo Comando do Corpo de Bombeiros Militar do Distrito Federal; do Cel. Mario Lopes Condes, Chefe do Estado Maior do Corpo de Bombeiros Militar do Distrito Federal; da Eliete Bastos, Vice-Presidente do Conselho Comunitário da Asa Sul; do Pastor Hércio Fonseca, da I Igreja Batista do Lago Norte; do Alan Valim, subtenente do Corpo de Bombeiros, Administrador do Gama em exercício.

Neste momento, portanto, transfiro a Presidência da Câmara Legislativa, para o próximo biênio, de 2013 a 2014, ao Deputado Wasny de Roure, desejando a S.Exa. sucesso e êxito na condução dos trabalhos desta Casa. (Palmas.)"

Dep Patrício entrega presidência e faz agradecimento aos servidores e deputados

O deputado Patrício durante a solenidade de posse da Mesa Diretora do biênio 2012/2013, fez agradecimento aos 24 deputados distritais e aos servidores da Câmara Legislativa. Leia o trecho do discurso.

O deputado Patrício durante a solenidade de posse da Mesa Diretora do biênio 2012/2013, na última terça-feira (1º), fez agradecimento aos 24 deputados distritais e aos servidores da Câmara Legislativa. Leia o trecho do discurso:

"Este ano de 2013, como o próprio número já diz, será o ano 13, que representa o Partido dos Trabalhadores, nosso número, que representa grandes transformações em prol da sociedade. Aproveito para agradecer a todos os servidores da Câmara Legislativa, que nos

ajudaram desde o dia 1º de janeiro de 2011 para que pudéssemos conduzir a Casa de maneira firme e correta, equilibrando as contas dentro da Lei de Responsabilidade Fiscal, conseguindo inclusive, baixá-la para o menor índice da história, o de 1,43%, índice jamais alcançado pela Câmara Legislativa. Isso possibilitou que o Legislativo melhorasse a sua imagem junto à sociedade, assim como a valorização a todos os servidores da Casa, tanto efetivos como comissionados, com a garantia de um reajuste salarial aos servidores no ano de 2011, no ano de 2012 e um reajuste para o ano de 2013 e também para o de 2014. Com o planejamento defendido primeiramente pelo deputado Joe Valle (PSB), que sempre defendeu um planejamento estratégico para a Câmara Legislativa, nós efetivamos o COPEI (Comitê de Planejamento Estratégico e Institucional). Fizemos um planejamento com os servidores concursados que possuem doutorado e mestrado, que planejaram e pensaram a Câmara Legislativa ouvindo não só os servidores, mas também os 24 deputados e a sociedade do Distrito Federal. Assim, realizamos o planejamento estratégico para os próximos dez anos da Câmara Legislativa, um poder essencial à democracia do Distrito Federal.

Agradeço a compreensão dos 24 deputados, assim como aos servidores da estrutura da Câmara que só tomaram posse a partir do dia 1º de maio de 2011, depois que nós equilibramos todas as contas desta Casa. Principalmente os 14 novos parlamentares que assumiram o mandato no dia 1º de janeiro de 2011 e ficaram três meses sem a nomeação de nenhum assessor no gabinete, por mais que isso seja direito garantido pela legislação – pela Lei Orgânica e pelo Regimento Interno da Câmara Legislativa. Apesar disso, não tiveram esse direito em virtude de uma liminar que proibiu a contratação pelo fato de a Câmara Legislativa ter ultrapassado 1,74% de acordo com a Lei de Responsabilidade Fiscal. Isso demonstra que o Poder Legislativo, um poder autônomo e independente, respeita o Poder Judiciário e também o Poder Executivo.

Agradeço a todos os membros da Mesa – deputado Olair Francisco, Suplente do Deputado Raad Massouh, que ficou alguns dias como 1º

Secretário, que é encarregado do Setor de Recursos Humanos da Câmara Legislativa; deputado Raad Massouh, que, nos primeiros meses antes de se tornar Secretário, ficou na árdua função de equilibrar as contas no Setor de Recursos Humanos da Câmara Legislativa; deputado Aylton Gomes, Segundo Secretário, encarregado das licitações, das compras e dos pagamentos da Câmara Legislativa, que, com muito afinco, ajudou-nos a chegar ao atual patamar de responsabilidade fiscal.

Agradeço ao deputado Dr. Michel que é encarregado do Fascal (Fundo de Assistência à Saúde dos Deputados Distritais e Servidores da CLDF), que cuida da saúde dos servidores e dos deputados da Câmara Legislativa. Aliás, o Fascal hoje tem dinheiro em caixa e tem respeitabilidade em toda a área hospitalar aqui do Distrito Federal. É um dos melhores planos em funcionamento aqui na Capital da República. Dr. Michel também cuida da informatização, da tecnologia da informação da Câmara Legislativa. Então, é importante que se faça o reconhecimento a um delegado de polícia, oriundo da Polícia Civil, que prestou os seus serviços e depois foi eleito deputado e eleito vice-presidente desta Casa.

Agradeço também ao deputado Joe Valle, que sempre diz que é preciso ter rito, e nós instituímos um rito nesta Casa, já que todos os projetos, tanto os de autoria do Executivo como os do Poder Legislativo ou mesmo os projetos de iniciativa popular, só vêm a plenário após a conclusão da tramitação em todas as comissões. Isso possibilitou a valorização de todos os servidores que trabalham nas comissões, assim como o reconhecimento e o empoderamento dos Distritais nas nove comissões permanentes desta Casa, trazendo mais de 200 mil pessoas para a Câmara Legislativa no ano de 2012, o que possibilitou um amplo debate em todos os projetos que foram aprovados neste plenário, muitas vezes, inclusive, por unanimidade dos deputados, sejam da Base ou da Oposição ao Governo do Distrito Federal. Isso mostra o amadurecimento de todos os parlamentares do Poder Legislativo.

Desejo a todos os brasileiros, a todos os brasilienses e, principalmente, à nova Mesa Diretora todo o sucesso no biênio 2013-2014. Que Deus os abençoe. Que Deus os proteja e conduza a decisão de cada Parlamentar nesta Casa, neste novo biênio que está por vir e finda em 2014. Ao Deputado Wasny de Roure desejo êxito na condução dos trabalhos desta Casa. Meu muito obrigado a todos."

Deputado Patrício

 214

Articulação de Patrício garante o maior orçamento para a saúde do DF em 2013

A Lei Orçamentária Anual (LOA) aprovada na Câmara Legislativa no final do ano passado, após articulação do deputado Patrício, garantiu para 2013 mais de R$ 2,3 bilhões em investimentos na área da Saúde do DF. Leia.

A Lei Orçamentária Anual (LOA) aprovada na Câmara Legislativa no final do ano passado, após articulação do deputado Patrício, garantiu para 2013 mais de R$ 2,3 bilhões em investimentos na área da Saúde do DF. Além disso, o setor também vai receber o repasse de R$ 2,8 bilhões do Fundo Constitucional. O que representa R$ 48,5 milhões a mais em relação ao recebido em 2012. Esse é o maior investimento Da história destinado para equipar e melhorar a saúde do DF. Segundo a própria secretaria, nos últimos oito anos nunca houve um investimento como o atual para aparelhar e contratar pessoal na rede pública de saúde.

A preocupação de Patrício em melhorar a saúde do Distrito Federal, conseguiu logo nos primeiros dias de trabalho, antes mesmo da constituição dos membros das comissões permanentes da Câmara Legislativa, a aprovação de um plano emergencial para a saúde pública, conhecido como o Pacote da Saúde.

O Pacote da Saúde possibilitou a inauguração de quatro UPAs, de Clínicas da Família, a contratação de quase oito mil servidores públicos concursados para todas as especialidades e áreas da Saúde. Somente no final do ano passado, 294 profissionais foram nomeados. Eles vão substituir servidores aposentados na rede pública de saúde. Nesta quarta-feira (9), foram convocados mais 96 médicos: 35 clínicos gerais e 61 pediatras, além de mais 163 profissionais de níveis médio e superior.

Patrício   Evan do Carmo

No ano de 2011 e 2012, a Câmara Legislativa com a gestão austera do deputado Patrício, equilibrou as contas do Poder Legislativo e também ajudou o Governo do Distrito Federal. "Nós devolvemos R$ 170 milhões, economizados pela Câmara Legislativa, para que o governo pudesse fazer o pagamento aos servidores da saúde. Nós só devolvemos com os recursos carimbados, para termos certeza de que seriam usados para o pagamento desses servidores. Mas ainda é pouco. Precisamos investir mais em Hospitais, como a construção de um em São Sebastião e investir em mais infraestrutura para a população", ressaltou Patrício.

Revista Encontro Brasília: Eles fizeram a diferença

Reportagem especial da Revista Brasília Encontro elencou as personalidades do Distrito Federal, que fizeram a diferença em 2012.

O mandato de presidente da Câmara Legislativa foi um marco na carreira do deputado Patrício na estrutura da Casa. O fim dos 14º e 15º salários e a lei da Ficha Limpa são exemplos para o país.

O último dos dois anos do deputado Patrício como presidente da Câmara Legislativa do Distrito Federal foi marcado por mudanças na estrutura da Casa. Entre elas, destacam-se as que ocorreram em prol do endurecimento contra práticas antiéticas e corruptas. A mais

emblemática foi o fim dos 14º e 15º salários para os deputados distritais. "Foi um marco em resposta ao anseio da sociedade. A decisão sem precedentes no país foi votada por unanimidade", relata o deputado, que lembra ainda a campanha da população em favor do fim do privilégio, que custava aos cofres públicos R$ 960 mil por ano.

A instituição da lei conhecida como Ficha Limpa para servidores da Câmara, que resultou na exoneração dos condenados pela Justiça, e o fim do nepotismo para deputados e para servidores se somam às medidas em favor da moralidade da Casa.

Outra frente importante de trabalho para Patrício foram os projetos que tratam diretamente da melhora de vida do brasiliense. A primeira foi a aprovação do Plano Diretor de Ordenamento Territorial. Em seguida, a aprovação da lei do regime único para o servidor do governo do DF trouxe maior estabilidade jurídica para a categoria.

Primeiro presidente da Câmara Legislativa nascido no DF, Patrício destaca ainda a austeridade na condução da Casa, que levou à economia de R$ 190 milhões. "Nos dois anos, nós aprovamos todos os projetos estruturantes. Projetos que, em governos anteriores, não tinham sido aprovados ou que tinham alguma mácula que impedia sua aprovação. Assim, acredito que cumpri minha missão."

Patrício começou a trajetória política em 2001. Então policial militar filiado ao PT, liderou movimento de policiais e bombeiros militares por melhores condições de trabalho. Foi preso por promover greve de militares por 131 dias e, em seguida, foi excluído da corporação. Anistiado em 2010, voltou a fazer parte da polícia. Concorreu à primeira eleição em 2002. Mas só se elegeu, como Cabo Patrício, em 2006, com 19 mil votos. Em 2010, foi reeleito com 22 mil.

Os papéis de policial militar e de deputado, segundo ele, confundem-se. Nas ruas, tinha a obrigação de prender quem cometesse qualquer ilegalidade. Como distrital, a responsabilidade é ainda maior. "Se o deputado não prende de fato, ele tem de combater a corrupção e zelar

pelo patrimônio e pelo bem público", define.

Agora, o deputado quer fortalecer o trabalho iniciado na Câmara. Mesmo fora dela. Nos planos de Patrício, está a expectativa de integrar o secretariado do governador Agnelo Queiroz. "O governador é piloto do DF e eu posso ir para ajudá-lo a fazer o avião decolar. Além disso, em 2013 vou trabalhar diuturnamente para a reeleição dele, compromete-se o deputado.

Fonte: **_Revista Encontro Brasília_** *- 22/01/2013*

Patrício é eleito vice-presidente da Comissão de Meio Ambiente

Na noite de terça-feira (5), os distritais votaram no deputado Patrício (PT) para vice-presidente da Comissão de Desenvolvimento Econômico Sustentável, Ciência, Tecnologia, Meio Ambiente e Turismo da Câmara Legislativa.

Na noite de terça-feira (5), os distritais votaram no deputado Patrício (PT) para vice-presidente da Comissão de Desenvolvimento Econômico Sustentável, Ciência, Tecnologia, Meio Ambiente e Turismo da Câmara Legislativa. Patrício vai atuar junto com o presidente da comissão permanente, deputado Robério Negreiros (PMDB). A Comissão se destaca por atuar firmemente nas questões de incentivo econômico do Distrito Federal e atividades de impacto no meio ambiente, ciência, tecnologia e turismo.

Durante a solenidade de posse da Mesa Diretora do biênio 2013 e 2014, o governador Agnelo Queiroz enviou mensagem à Câmara pedindo o apoio dos distritais na apreciação dos projetos que tratam do PPCUB e da Luos. No último ano, várias audiências públicas foram realizadas tanto no âmbito do Executivo como no Legislativo, para ouvir a sociedade e especialistas sobre o tema.

O deputado Patrício sempre lutou para garantir a segurança jurídica das proposições que tramitam no legislativo, bem como o envolvimento das outras Secretarias do governo na construção dos projetos de impacto na sociedade. No ano passado, após as discussões do PDOT na Câmara Legislativa e durante a sanção da Lei (nº 854/2012) pelo governador Agnelo, Patrício ressaltou o processo transparente na elaboração do projeto e a aprovação em tempo recorde e unânime da proposição pelos parlamentares. Na vice-presidência da Comissão de

Meio Ambiente, Patrício vai dar continuidade aos principais projetos que envolvem a temática.

Veja o que diz o Regimento Interno da Câmara Legislativa sobre as atribuições da Comissão Permanente:

Subseção XII

Da Comissão de Desenvolvimento Econômico Sustentável, Ciência, Tecnologia, Meio Ambiente e Turismo

(Subseção acrescida pela Resolução n° 181, de 11/03/2002, e alterada pela Resolução n° 200, de 08/12/2003.)

Art. 69-B. Compete à Comissão de Desenvolvimento Econômico Sustentável, Ciência, Tecnologia, Meio Ambiente e Turismo analisar e, quando necessário, emitir parecer sobre o mérito das seguintes matérias:*(Artigo acrescido pela Resolução n° 181, de 11/03/2002, e alterado pela Resolução n° 200, de 08/12/2003.)*

*a)*política industrial;

*b)*política de incentivo à agropecuária e às microempresas;

*c)*política de interação com a Região Integrada do Desenvolvimento Econômico do Entorno;

*d)*política econômica, planos e programas regionais e setoriais de desenvolvimento integrado do Distrito Federal;

*e)*planos e programas de natureza econômica;

*f)*estudos, pesquisas e programas de desenvolvimento da ciência e tecnologia;

*g)*produção, consumo e comércio, inclusive o ambulante;

*h)*turismo, desporto e lazer;

*i)*energia, telecomunicações e informática;

*j)*cerrado, caça, pesca, fauna, conservação da natureza, defesa do solo e dos recursos naturais, proteção do meio ambiente e controle da poluição;

*k)*desenvolvimento econômico sustentável.

Portal G1: Corregedor da Câmara do DF pede cassação de Raad Massouh

Ele é suspeito de arrecadação irregular e ter gastos ilícitos de campanha. Patrício (PT) afirmou achar que houve quebra de decoro parlamentar.

O corregedor da Câmara Legislativa do Distrito Federal, deputado Patrício (PT), protocolou nesta quarta-feira (10) o pedido de cassação do deputado Raad Massouh (PPL), suspeito de arrecadação irregular de

recursos e prática de gastos ilícitos de campanha. A assessoria do distrital disse que ele só vai se pronunciar a respeito em coletiva na Casa às 15h.

Patrício informou que teve acesso a mais de duas mil páginas do processo judicial que também investiga a conduta do distrital. O corregedor afirmou achar que houve quebra de decoro parlamentar. Ele disse ainda que a conduta de outras pessoas também está sendo apurada.

"Deputado tem que ser um exemplo para a sociedade", disse Patrício. "A sociedade quer uma resposta. É a imagem da Câmara que está em jogo."

O distrital chegou a ter o mandato cassado em julho de 2011 pelo Tribunal Regional Eleitoral do Distrito Federal por prática de gastos ilícitos de campanha e arrecadação irregular de recursos. No início de 2012, o Tribunal Superior Eleitoral (TSE) decidiu manter o mandato de Massouh.

A ação foi proposta pelo Ministério Público Eleitoral em razão de irregularidades detectadas no processo de prestação de contas de Massouh. No documento apresentado pelo distrital consta o recebimento de R$ 30.000,00 de uma empresa de veículos criada no ano da eleição – o que é proibido de acordo com a legislação eleitoral.

De acordo com o Ministério Público, o candidato declarou os gastos com combustível e lubrificantes, mas não citou os automóveis. As irregularidades somam R$ 34 mil, o que corresponde a ou 25% dos R$133.845 declarados por Massouh.

Fonte: Portal G1 - 10/04/2013

Processo iniciado pelo deputado Patrício resulta na 3a cassação por quebra de decoro da história da Câmara Legislativa

Parlamentares decidiram pela perda de mandato por 18 de 24 votos

A atuação do deputado Patrício como corregedor da Câmara Legislativa foi determinante no terceiro processo de cassação de mandato na história do Poder Legislativo da capital do País. O relatório elaborado por ele sobre o caso, alvo de denúncia popular, culminou em processo aprovado na Comissão de Ética e referendado por ampla maioria no plenário da Casa em sessão nessa quarta-feira (30).

As denúncias contra o deputado Raad Massouh foram acatadas pelo deputado Patrício enquanto corregedor depois da análise de mais de 5 mil páginas de processos em andamento no Tribunal de Justiça do DF e Territórios. A Corte concedeu ao corregedor amplo acesso aos autos em segredo de justiça, o que colaborou com o trabalho efetuado para apurar as supostas irregularidades durante o processo legislativo.

A participação do deputado Patrício como membro titular da Comissão de Ética também foi importante no curso do processo, que contou ainda com depoimentos de testemunhas, como delegados da Polícia Civil que trabalharam na apuração de denúncias relativas à atuação do deputado Raad em desacordo com o Código de Ética da Casa, o Regimento Interno e a Lei Orgânica.

Durante discurso na sessão extraordinária que decidiu pela cassação do mandato parlamentar, o deputado Patrício destacou o trabalho técnico realizado pela Corregedoria e pela Comissão de Ética na análise do processo oriundo da Polícia Civil e em tramitação na Justiça. "Esse Poder é o Poder que garante a estabilidade democrática do DF. Não houve nenhuma investigação política e disputa de base política e nenhuma perseguição a ninguém como adversário ou inimigo. O que houve foi um trabalho responsável e técnico, feito por parlamentares eleitos como Vossa Excelência. E o amplo direito de defesa foi garantido de acordo com a legislação, inclusive questionado pela defesa do acusado e do réu".

Com 18 votos favoráveis, três contra e duas abstenções, o Projeto de Resolução nº 71/2013 foi aprovado pela Câmara Legislativa, concretizando o processo político de cassação do deputado Raad

Mtanios Massouh. Confira abaixo os principais trechos do pronunciamento do deputado Patrício durante a sessão extraordinária:

"Não tenho nenhum inimigo aqui na Câmara. Na verdade, sou eleito como qualquer um dos 24 deputados que compõem essa Casa. A Câmara tem suas instâncias e nesse plenário hoje estão todas, presidente, Mesa Diretora, Colégio de Líderes, comissões, Corregedoria e Ouvidoria.

Cada parlamentar, ao chegar nessa Casa e nessa Tribuna, depois de eleito pela sociedade, faz o julgamento de acordo com a Constituição Federal, a Lei Orgânica, o Regimento Interno e o Código de Ética da Câmara Legislativa.

É assim que cada parlamentar procede ao tomar posse do mandato e cada um desempenha sua função dentro da Casa e fora dela.

É imprescindível ao parlamentar e é direito dele indicar emendas, um benefício da sociedade que se organiza e reivindica dele a indicação dessa emenda. Elas são executadas pelo Poder Executivo e compete a cada um de nós, parlamentares, essa fiscalização, do orçamento da Casa e do GDF.

Esse Poder é o Poder que garante a estabilidade democrática do DF. Quero dizer, deputado Raad, que não houve nenhuma investigação política e disputa de base política e nenhuma perseguição a ninguém como adversário ou inimigo. O que houve foi um trabalho feito por parlamentares eleitos como Vossa Excelência. E o amplo direito de defesa foi garantido de acordo com a legislação, inclusive questionado pela defesa do acusado e do réu.

Aqui é um julgamento. O Poder Judiciário faz o seu julgamento, jurídico e a Câmara Legislativa faz o seu julgamento político baseado em provas e nos autos. Se não for assim, é simples: acabamos com a Corregedoria, com a Comissão de Ética e dobramos nossos joelhos ao Poder Judiciário. Esse órgão é autônomo e independente, tem os seus mecanismos e as suas instâncias de julgamento interno.

É bom lembrar aos parlamentares que tivemos uma investigação por parte da Polícia Civil, que temos mais de 5 mil páginas num inquérito que se encontra sob segredo de justiça, sob a tutela da desembargadora Sandra de Santis. Ela, sabendo da responsabilidade que tem, não autorizou de pronto aos delegados da polícia civil a quebra do sigilo telefônico do deputado Raad, por se tratar de autoridade. Isso está no despacho do processo.

Depois de 6 meses de investigação da Polícia Civil, das provas colhidas, das provas nos autos, ela autorizou a quebra do sigilo e o monitoramento do telefone do deputado. Depois disso, a emenda executada no ano de 2010, só em 2012 a desembargadora determinou 12 mandados de busca e apreensão. Ela não faria isso à toa.

Temos dezenas de pessoas que o Ministério Público determinou o indiciamento e o Conselho Especial vai se reunir para decidir se acata ou não a denúncia. E vai ser julgado pela Justiça. Os deputados da Comissão de Ética e o corregedor, com a responsabilidade que têm, não deixaram vazar nenhuma peça dos autos e nenhum diálogo das interceptações devido à responsabilidade de cada um de nós e da seriedade do que está naqueles autos.

O deputado que quiser votar pela absolvição, e cabe a cada um de nós votar de acordo com a sua consciência, vai responder perante à sociedade pelo seu voto. Os deputados não podem ser irresponsáveis, levianos e não podem quebrar a ética. Cada um vai julgar de acordo com sua consciência, seja o voto aberto ou fechado, não importa".

Corregedor defende análise do caso Benedito direto na Comissão de Ética

Deputado Patrício diz que condenação cumpre condição posta no sobrestamento do processo

"A Câmara Legislativa pode e deve ser célere nesse processo e tem em mãos todos os mecanismos legais para dar uma resposta concreta à sociedade num caso que envergonha a todos os brasilienses". Este é o argumento do corregedor da Casa, deputado Patrício, para encaminhar, nessa sexta-feira (8), o processo relativo ao deputado Benedito Domingos direto para a análise da Comissão de Ética.

O corregedor está tecnicamente baseado no cumprimento de condição posta pela Comissão de Ética para sobrestar o andamento do processo de quebra de decoro envolvendo o deputado Benedito Domingos desde 2011: a condenação em julgamento feito pelo Conselho Especial do Tribunal de Justiça do Distrito Federal e Territórios.

Para o deputado Patrício, as etapas do processo que se referem à Corregedoria já estão ultrapassadas com a decisão da Comissão de Ética. "O processo esteve sobrestado sob o argumento de que ele tinha que ser condenado. Agora que o TJ já confirmou a condenação, referendando-a, inclusive, com a publicação do acórdão, não há motivo para nos alongarmos com um processo que já tramitou pela Corregedoria. Na Comissão de Ética ele terá garantido o direito de defesa e vamos ganhar pelo menos 25 dias úteis com um caso que já está mais do que resolvido", observou.

Assim, em vez de notificar o parlamentar a apresentar defesa junto à Corregedoria, o deputado Patrício enviou despacho à Comissão de Ética explicando que a "trava" que impedia o processo de andar no órgão de controle disciplinar não existe mais. "A Comissão tem que se reunir e decidir o próximo passo, mas o processo não pode regredir. A sociedade espera uma ação célere da Câmara e temos obrigação legal e moral de atender a esse clamor. Estamos tecnicamente calçados dentro da legalidade para que o processo siga sem prejuízo ao direito da ampla defesa do réu", ponderou ele.

Ainda segundo o despacho do deputado Patrício, a possibilidade de o processo ter continuidade depois do sobrestamento foi referendada pela Procuradoria Geral da Casa quando da decisão da Comissão de Ética, em 2012, em consulta feita por ele na condição de presidente da Casa. "Não posso ter duas posturas e agi dessa forma enquanto presidente, inclusive solicitando ao TJ que desse aos parlamentares condições técnicas de analisar melhor o caso com a cópia integral de tudo o que tramitava na Justiça contra o deputado".

Entenda o caso – O deputado Benedito Domingos teve representação por quebra de decoro apresentada na Câmara Legislativa em 2011. No 1º semestre, a Comissão de Ética decidiu pela 1ª vez pelo sobrestamento, sob o argumento de que não havia indiciamento do TJ contra o parlamentar. Em 2012, o Tribunal entendeu pelo indiciamento do parlamentar e o fato, considerado "novo" no processo, foi alvo de outra representação.

Como presidente, o deputado Patrício pediu análise da Procuradoria Geral da Casa se o processo "parado" na Comissão poderia seguir. Teve sinal verde e, para subsidiar os parlamentares, solicitou formalmente cópia de todo o processo em trâmite no Judiciário. Novamente a Comissão decidiu sobrestar o processo de quebra de decoro, em abril de 2012, desta vez sob a argumentação de que o deputado somente deveria responder a processo no Poder Legislativo após condenação, confirmada pelo Tribunal em acórdão publicado no início da semana.

Patrício   Evan do Carmo

Fim das Atividades de 2013

Obra Aberta

14/01/2014